〈頻出ランク付〉
昇任試験シリーズ **10**

面接試験101問

【第2次改訂版】

地方公務員昇任試験問題研究会 編

学陽書房

第2次改訂にあたって

　本書、『面接試験101問』は、101問シリーズの10番目の本として平成16年に世に出されました。面接試験を受ける受験者をターゲットと想定していましたが、発売当初より取り上げたトピックスや管理の考え方などが論文試験にも使えると評判になり、多くの方にご利用いただくことができました。

　平成20年の第1次改訂では、受験者が面接官の質問に着実に答えられるように、以下の3点を念頭に内容を改めました。

　第1に、面接試験で取り上げられそうな最新の話題を加えました。また、どのような視点を持って考え、回答するかという流れを意識した内容としました。

　第2に、管理者として理解しておくべき管理の基本と管理理論を明確に区分し管理理論編としてまとめました。管理、監督者を目指す皆さんに、人事管理、組織管理などの理論的なバックボーンを理解してほしいと思っています。

　第3に、面接試験の実践に即した内容とするため、事例式の問題数を増やし、面接に関係するテクニックもいくつか取り入れました。

　このたびの第2次改訂では、基本的に第1次の改訂と同様の視点で見直しを図ったわけですが、この間に起きた出来事として東日本大震災及び福島第一原発事故を意識せざるをえません。防災に関する考え方、原子力の安全性に関する意識、日本のエネルギー政策、想定外の事態への対処、広域的な行政間の協力関係作りなど多くの点で再考していかなければなりません。今まで我々が取り組んできたことや常識と考えられてきたことを根底から見直すことを迫られています。

　今、皆さんは大きな社会変化の中に身を置いています。そのことを意識して、ひとり一人がしっかりとした考え方を持って面接に臨まなければなりません。その意味から、第2次改訂についても次の視点で内容の見直しを行いました。

　第1に、課題編は、特に重要となっている話題や汎用性のある話題

に絞り込みました。防災問題は、東日本大震災後見直されており、自治体の置かれた地理的状況によりその違いがより顕著になるものと考えられます。本書では汎用性のある話題に留めましたが、自治体の現実の取り組みを十分研究することをお勧めします。

　第2に、管理編の項目を増やし、理論的バックボーンの充実を図りました。実際に仕事を進める上で管理者には特に説明責任を求められる場面が多くなります。管理者は、現象として起きていることを整理し説明しますが、そこに理論的な裏付けがあれば、考え方にも幅ができ、リアリティと迫力をもって伝えていくことが可能です。

　第3に、事例式の項目を大幅に増やし、内容も充実させました。事例式は本書の最も特徴的な部分で、面接を受ける皆さんが一番知りたい部分として読まれることと思います。実際の面接でのやり取りに加え、面談シートの書き方などの実践的な内容を知ることができると思います。今回は特に「業務系職員」の面接問題を加えたことや「面接シート」についてより実践的に捉えていただくため、修正前と修正後を比較し、修正の仕方を示しました。

　本書は昇任試験用となっていますが、管理者が日常的に使うであろう管理の常識や管理理論が示されていますので、実務書としてもお手元に置いていただくと便利かと思います。

　皆さんは試験に受かることを念頭に本書を手にしたことと思います。合格することは新たなステップにつながり喜ばしいことですが、私たちがそれ以上に素晴らしいと思っていることは皆さんが試験に向けて努力する姿です。日頃の職務とは別に時間のない中で勉強を進めるのは大変なことです。初めて受験する方、何度か落ちてあきらめかけている方、方法論が分からず回り道をしている方もいるかと思います。

　勉強を通して蓄積した力は必ず仕事にも生かしていくことができます。本書がさらに多くの皆様に利用され、お役に立てば幸いです。

　　　平成24年9月

地方公務員昇任試験問題研究会

面接試験序論

1 面接試験の目的

　係長・管理職試験は、一次で筆記試験を行い、二次で面接試験を実施していることが多いようです。特に最近は、人物重視の傾向が強くなり、その必然として面接のウエイトが増してきているといえましょう。一次で知識を中心に選考し、二次では職務に直結した実践力、仕事へのやる気、使命感、責任感や指導力を見ていこうとしていると思われます。当然その際には、人柄、健康状態、その人の持つ雰囲気、品位なども見られることとなります。

　面接官を務めるのは、試験の種類にもよりますが、ベテラン課長、部長、局長や副市長という幹部職員がその任に当たることになるでしょう。幹部クラスの面接官は、短時間の間に多くの受験者との面接をこなします。ときには、極度に緊張している受験者を解きほぐしてくれる方もいるかもしれません。一方で、威圧的な質問や否定的な投げかけで、受験者の対応する様子を見ていることもあります。ベテラン面接官は、短時間のうちに受験者の人となりを手に取るように把握してしまうものです。受験者がその場でいくらとり繕ってもすべてお見通しという状況になることでしょう。

　その意味から、受験者は、鎧をつけて臨むことなく、できるだけ普段どおりに落ち着いて会話できるよう心がけてほしいものです。

2 面接重視の傾向

　係長や管理職は、組織のリーダーとして活躍してもらわなければならない役職です。組織の顔であり、要です。対外的な折衝や組織内での管理と幅広く職務を執行していく存在となります。

　今まで知識重視で人物を選んできた結果、部下から受容されなかったケースや対外的な折衝ごとが十分にできなかったケース、それらがあいまって、心身が故障してしまったケースなどが見受けられまし

た。実際に組織を動かしていく上で何が必要になってくるのか、過去の経験を踏まえ、知識があることだけでは現場を動かせないとの反省があるものと思います。

よって、知識重視の弊害の是正として面接を重視し、より実践的に、組織運営ができる人物を選んでいこうとしています。

3　基本編

面接を受けるに当たって基本的な事項を押さえておく必要があります。昇任試験の受験者は、入社・入所試験を受ける大学生と違い基本的なマナーはできていることと思います。しかし、あえて書かせていただくのは、基本的な事項をもう一度確認してほしいという趣旨からです。

（1）服装

原則　奇をてらうことなく社会人としての身だしなみで、オーソドックスな格好をしてください。

① 男性編

・スーツ：黒、紺色、グレー系のもの。
・ワイシャツ：白を基調としたもの。柄は細いストライプまで。
・ネクタイ：派手でないもの。小紋柄、ドット、レジメンタル等。
・靴下：黒・紺（白は論外）で無地のもの。短すぎるものははかない。
・靴：黒でオーソドックスなもの。
・髪型：清潔感を重視し、額を出した方がよいが、無理にしなくてもよい。ただ、髪の毛が額に落ちていると子どもっぽく見られる。
・眼鏡：突飛なもの、フチに色がついているものは避ける。
・ハンカチ：汗をかいたときに備えて。

② 女性編

- **服装**：黒、紺色、グレー系のスーツ。
- **ブラウス**：白を基調としたもの。
- **ストッキング**：柄・網目は避ける。
- **髪型**：派手にならないよう注意。
- **化粧**：控えめに。香水などは不可。
- **爪**：マニキュアも透明まで。
- **靴**：黒のパンプス、ローヒールのもの。

（2）面接室でのマナー（入室から退室まで）

　人の第一印象を決定するための要素は、大きく分けて3つあるといわれております。1つは、視線、表情、態度という身体に関する分野が55％。2つ目は、言い方、トーンや抑揚など声に関する分野で、38％。最後は、ことばでわずか7％です。そのことを十分踏まえ、受験者は、面接の間に自分を印象づけ、面接官に人となりをわかってもらう必要があります。第一印象を好印象にするためにも基本的なマナーを身につけてください。入室前にスーツのボタンをすることを忘れずに。

① ノック：2回ノック後、「失礼します」と元気に声を掛け入室する。
② 入室：一礼して椅子の横まで行く。
③ 椅子の横で：面接官から、腰掛けるよう指示されるまでは座らない。この時点で、面接官より「受験番号と氏名をお答えください」などの指示を受けることもあります。
④ 着席：背もたれに全体重をかけるようには座らないこと。
⑤ 座り方：男性は少し足を開き、女性は足を閉じて座る。いずれの

場合も背筋を伸ばして座ること。
⑥終了後:「ありがとうございました」といい、起立後、一礼してドアへ。
⑦退室:部屋を出る際にもう一度ドアのところで「失礼します」と挨拶し、ドアを閉め終了。

(3) しぐさ
①手:男性は、座ったときに手を膝の上に置き、軽く握っておく。または、両指を軽くからめて、膝の上に置いておくのも可。女性は、両手を膝の上で合わせておく。回答するときに手を使い説明することは問題ありません。
②足:男性は軽く開く。女性は膝をつける。足を組んではいけません。貧乏ゆすりや癖のある方は注意。
③視線:面接官の目を見ながら質問に答えることが基本です。しかし、ずっと見続けるのも威圧感があるため、顔の周辺やネクタイまでの範囲の中に視線を置いてください。
④お辞儀:斜め45度で、ゆっくりと。

4　実践編
(1) 面接の形式
面接の形式には、いくつかの基本的なパターンがあります。面接官と受験者側の数による種類として、面接官と同数、面接官が多い、受験者側が多い場合などです。
①複数面接官に複数の受験者型（例:5対3）
②複数面接官に1人の受験者型（例:3対1）
③集団討議型

(2) 面接の質問方法等
①あらかじめ提出したエントリーシートなどに沿って質問を受ける方法
②事例が用意され、その事例に対して回答していく方法
③ランダムに質問を受ける方法

④上記①～③を複合させた方法
⑤集団で討議をし、その様子が採点される方法

(3) 答え方

　面接官は、質問の答えを重視することはもちろんですが、答え方、声の大きさやトーンなどで受験者が自信を持って答えているのかどうかも見ています。その点で、答え方にも注意を払い、普段から意識しておく必要があります。

①声の大きさ：ほどよく元気に答えること。

②声のトーン：強調したい部分などでトーンを変えてみることも必要です。

③接頭・語尾：「えー」「あのー」「～でぇ」や接続詞を多用する人などは要注意。「つまり」「要するに」と言っておきながら、前に話した内容を要約していない人などをよく見受けることがあります。他人に注意してもらわなければわからない言葉の癖なども多いため、模擬面接などをして指摘してもらう必要があります。

④答え方のポイント

　〇質問に対してはストレートに簡潔に答えるよう心がけます。

　〇例示や体験などを織り交ぜて具体的に答えます。

　〇「です」「ます」と断定します。「と思います」「確か……だったのでは」など自信のない表現は避けてください。

　〇面接官と受け答えがはずむようになればOK。ただし、馴れ馴れしいような言葉づかいは厳禁。

　〇面接官も明確に正解を出せないような悩ましい質問については、受験者自身も悩んでいることを出してもよいでしょう。しかし、管理者として、理由を提示し解決策は打ち出しておくことは必要です。

　〇面接官から、答えについて否定された場合。自分の理屈が正しいと思えば、その意見のままで補足をしながら、自分の意見を通してもよいが、面接官の意見にも一理あるという場合には、「確かに自分には思いつかなかった点でした」と素直に認め、

意見を改めることも差し支えありません。逆に固執しすぎると視野が狭いと思われてしまう場合もあります。
○できるだけ質問を多面的に捉えて回答する。たとえば、「この問題には、地元への影響、行政内部の組織的問題、職員への士気など多面的に対応しなければならないと思います。まず、‥‥‥‥‥‥‥‥‥」というように視野の広さをアピールします。

⑤非常事態
　あ　質問をど忘れしたとき　　素直に「あがってしまい質問を忘れてしまいました。もう一度お願いします」と聞き返します。
　い　質問が難しく理解できないとき　　「申し訳ありませんが、○○の部分の質問の意味がつかめないのでもう一度お願いできませんでしょうか」と聞きます。
　う　答えが支離滅裂になったとき　　自分で答えている途中で、何を答えているのかわからなくなるケースもあります。その場合にも、「緊張のせいか、質問の意味を取り違えてお答えしているようです。ご質問の趣旨をもう一度お願いできませんでしょうか」と聞いてしまうこと。

⑥その他　どうしてもあがってしまうため、お酒を飲んで面接に望んだという話を聞いたことがあります。今そのように考えている人がいたとしたら、これは論外。その時点で管理職としての資格がないと思ってください。

面接試験 101 問・目次

★★★、★★、★……頻度順の星印

課 題 編

1	高齢化と健康づくり……………………………★★	2
2	子育て支援と待機児……………………………★	4
3	自治体と雇用……………………………………★	6
4	産学公の連携の促進……………………………★★	8
5	都市型観光………………………………………★	10
6	人口減少社会……………………………………★	12
7	地球温暖化防止対策……………………………★	14
8	ごみとリサイクル………………………………★★★	16
9	震災廃棄物の処理………………………………★★	18
10	被災地支援………………………………………★★	20
11	帰宅困難者対策…………………………………★	22
12	安全・安心のまちづくり………………………★★	24
13	高齢者と消費者行政……………………………★	26
14	特定非営利活動と行政…………………………★★★	28
15	コミュニティの活性化…………………………★★	30
16	ワンストップサービス、ノンストップサービス………★★	32
17	個人情報保護……………………………………★★★	34
18	ネット社会………………………………………★	36
19	自治体経営………………………………………★★	38
20	格差社会…………………………………………★	40

21	地方分権の流れ	★★	*42*
22	ファシリティマネジメント	★	*44*
23	指定管理者	★★★	*46*
24	シティセールス	★	*48*
25	多文化共生	★	*50*
26	産業政策	★	*52*

管 理 編

27	意思決定	★	*54*
28	意思決定の原理	★	*56*
29	部下の不祥事防止対策	★	*58*
30	職員のメンタルヘルス	★	*60*
31	危機管理と管理職	★★	*62*
32	人事戦略	★★	*64*
33	問題係長の指導	★	*66*
34	大量退職時代	★★	*68*
35	フォーマルとインフォーマル	★	*70*
36	自己啓発	★	*72*
37	管理者としてのコスト意識	★★	*74*
38	組織の連携を図る課長の調整力	★	*76*
39	アウトソーシング	★★★	*78*
40	民間活力導入と新たな展開	★	*80*
41	住民対応（トラブルへの対応)	★★	*82*
42	マスコミ対応	★★	*84*
43	接遇での大切なポイント	★★	*86*

44	管理職としての議員対応	★★	88
45	住民説明会	★★	90
46	組合活動	★★★	92
47	服務監察	★	94
48	公務員制度改革と人事・任用制度	★	96
49	進行管理	★★	98
50	業績評価	★★	100
51	説明責任が果たせる行財政運営	★★★	102
52	人材育成と管理職の役割	★	104
53	OJTの進め方	★★	106
54	職場のコミュニケーション	★★	108
55	上司の補佐	★★	110
56	連携	★★	112
57	部下の育成	★★	114
58	係員に汚職の疑いのあるとき	★	116
59	チームワークづくり	★★	118
60	上司に対する報告・連絡・相談	★★	120
61	プロジェクト組織の進行管理	★★★	122
62	コンプライアンス	★	124
63	自治体のガバナンス	★	126
64	SWOT分析	★	128
65	キャリア・デベロップメント・プログラム（CDP）	★★	130
66	ビジネス・プロセス・リエンジニアリング（BPR）	★	132
67	ベンチマーキング	★	134

管理理論編

68	連結ピン	★★	136
69	SL理論	★	138
70	PM理論	★★	140
71	命令一元化の原則	★★★	142
72	スパン・オブ・コントロール	★★★	144
73	目標による管理	★★★	146
74	部下への権限委譲	★★★	148
75	組織の3要素	★★★	150
76	モチベーション	★★	152
77	職員のモラール向上	★★	154
78	権限受容説	★★★	156

事　例　式

79	管理職試験事例式　関係者調整編	★★★	158
80	管理職試験事例式　突発的な事故対応	★★	162
81	管理職試験事例式　利害の調整	★★	164
82	係長試験事例式　手を焼く職員	★	166
83	係長試験事例式　窓口トラブル編	★★★	168
84	係長試験事例式　新規事業編	★★	172
85	係長試験事例式　上司からの下命の伝え方	★★	174
86	係長試験事例式　保育園　事故編	★★	176
87	係長試験事例式　保育園　サービス拡大編	★★	178
88	係長試験事例式　専門職係長の対応	★★★	182

89	面接テクニック	同じ内容を問われたときの対応……★★	*186*
90	面接テクニック	圧迫面接への対応………………………★★	*188*
91	面接テクニック	一歩目立つ回答………………………★★	*192*
92	管理職試験事例式	マスコミ対応……………………………★★	*194*
93	管理職試験事例式	トップ層への対応………………………★★	*196*
94	管理職試験事例式	住民説明会後の対応……………………★★	*198*
95	管理職試験事例式	新人職員の育成…………………………★★	*200*
96	管理職試験事例式	進行管理とホウレンソウ………★★★	*202*
97	面接試験特別編	業務系職員向け面接……………………★	*204*
98	面接試験特別編	経験者採用と人材育成…………………★	*206*
99	面接シートテクニック	「面接シート」活用法……★★★	*208*
100	面接シートテクニック	短所を長所に変える………★★★	*210*
101	面接シートテクニック	「面接シート」の実際例……★★	*212*

頻出ランク付・昇任試験シリーズ10

面接試験 101 問

Q.1 高齢化と健康づくり

★★

質問 わが国の高齢化の状況についてお答えください。

回答 2011年9月推計で、高齢者人口は、2980万人となっています。総人口に占める割合が、23.3%にあたり世界最高の水準です。

質問 あなたは、わが市の高齢者施策に関しどのような課題があると考えますか。

回答 はい。地域には、加齢により身体の状態が衰え特養などに入居されている高齢者がいる一方で、一定の収入や資産に加え、豊富な経験、知識を持ち、元気に暮らしている高齢者も多数います。そのようないわゆる「元気高齢者」が多いことも事実です。個人差はあれ、加齢による身体機能が徐々に低下することは避けられませんが、できる限り元気高齢者が住み慣れた地域において、少しでも長く心身ともに健康に暮らせるようにしなければなりません。その中で、高齢者の持っている豊富な経験、知識を社会に還元できる仕組みが十分整っていないことが課題だと考えます。

質問 健康を維持することは、本人と自治体にとってそれぞれどのようなメリットがありますか。

回答 高齢者本人にとっては、心身の健康が保てることは、様々な社会参加ができることの前提となります。いきがいを持って人生を送るための土台となるのが心身の健康です。そのことで、医療、介護の自己負担を抑えるという個人レベルでのメリットも生じてきます。

また、健康を維持することは、自治体にとっても大きなメリットとなります。それは、医療費を始めとした社会保険関係支出の抑制につながることです。自治体は、国民健康保険、介護保険、後期高齢者医療制度など医療、保険制度に多額の負担をしております。高齢期の健康づくりに積極的に取り組んでいる自治体では、要介護発現率が全国の平均を下回っているという効果があると聞いています。厳しい財政事情の中で、コストの軽減が図れれば、財政運営にも大きく貢献することとなります。

> **回答のPoint** 健康づくりは高齢者自身及び自治体双方にとってのメリット。

質問 それでは、身体の健康を維持するための施策として考えられるものを挙げてください。

回答 はい。まず、疾病の早期発見、早期治療のために、検診制度を充実させることです。次に、健康増進を図り発病を予防することです。生活習慣病予防の講座や保健婦による食生活指導、食事メニューの提案を広報紙に掲載することなどです。さらに、食事と共に適度な運動にも取り組んでいただくために、公園に運動器具を設置することや民間のスポーツジムと協働した運動教室を設けることなども有効かと思います。

質問 高齢者が持っている豊富な知識と経験を地域に還元させる施策としてはどのようなことが考えられますか。

回答 たとえば、地域における青少年対策活動の中で、地域の高齢者を講師に迎え、地域に伝わる伝統工芸、ものづくりの技術や芸術活動などを子どもたちに学んでもらうこともよいことだと思います。そうすることで子どもたちは普段経験できないことを体験し、教える側の高齢者も自らの知識や経験を活かすことで生きがいを持てるようになると思います。

面接官の視点

日本の高齢化率の把握と共に、あなたの自治体の高齢化率についての数字も把握しておいてください。

超高齢化社会の中で、高齢者に対する社会保険給付の増加を抑制していくことが行政の大きな課題となっています。また、団塊の世代の退職で、その層の方々が高齢者の中心となっています。高齢者が社会の中で活躍できる場をいかに作っていくかも重要なポイントです。そのための前提が心身ともに健康な高齢者の存在です。心身の健康維持のためには、身体的な健康の他に、就労、豊富な知識・経験を生かすことや生きがいを持てるような施策の展開が望まれます。

Q 2 子育て支援と待機児

★

質問 待機児の問題は全国共通のものですか。
回答 2010年現在、全国で待機児童が約2万6千人おり、特にその半数が都市部(埼玉、千葉、東京、神奈川、京都、大阪、兵庫)にいるといわれており、都市部に顕著に表れている課題です。

質問 現在、市の保育園の待機児は何人いるかご存知ですか。
回答 はい。本年4月時点での待機児数は○○人です。

質問 ここ数年、市の待機児の動向は分かりますか。
回答 待機児の動向ですが、認可、認証保育園がこの数年で3園できましたが、待機児数はほぼ横ばいで変動はありません。

質問 なぜ保育園を増設しても待機児数に変化が見られないのでしょうか。
回答 共働きのご家族が増えており、そのまま仕事を続けたいと考える潜在的な需要者が多いからだと思います。

質問 子育て支援全般についてあなたの考えを述べてください。
回答 はい。子育て支援といってもその範囲は広く乳幼児から小中学生の子どもとその保護者への支援が考えられます。一般的には、3つの課題があると思います。

1つは、子育ての環境を整えること。子を産み育てるために必要な環境を整えることで、乳幼児健診などの保健事業や保育園、幼稚園、児童館等の施設を整備することなども含みます。

2つ目は、経済的な支援を行うこと。子どもを育てるためには経済的な負担が伴います。子どもを持つことをためらう1つの原因にもなっています。経済的な負担を減らすために、乳幼児から学童期の医療費の自己負担分を自治体で負担するという制度を設けている自治体もあります。

3つ目は、子育てに関する情報提供や交流促進を行うことです。インターネットから子育てに関する情報を入手することはたやすくなっておりますが、

> **回答のPoint** 待機児分の入園定数を増やしても解消が図れない現実を踏まえる。

必ずしも適切な情報が得られないというアンケート結果もあります。孤立しがちな保護者が気軽に相談できる相談窓口や、同じ子育て中の親同士が情報交流できるサイトを立ち上げることなども必要かと思います。

質問　次に、就学前の児童と施設サービスとの関係を説明してください。
回答　はい。就学前の児童は、親の就業の有無により保育園か幼稚園かに大きく二分されています。また、その両施設を一体化した「認定子ども園」という施設もあります。近年、共働き世帯の急増により都市圏を中心に0歳児から2歳児までの保育需要が急増し、保育園に入れない待機児が増えています。一方で幼稚園には定員割れがあるという現象もあり、いかに両施設を一体化して待機児の解消を図るかということが大きな課題となっています。

質問　保育園と幼稚園との一体化は困難なのでしょうか。
回答　幼児教育、保育行政が二重になっていると指摘されています。幼稚園は、学校教育ということで文部科学省が所管し、保育園は、福祉行政ということで厚生労働省が所管しています。幼稚園も保育園も公立と私立が半々となっており、補助金の支給や利用者の手続きなどを含め制度が複雑化している点も問題です。

面接官の視点

　子育て支援の分野は、各自治体ともに積極的な取り組みをされていることと思います。少子化と言われていますが、保育需要は依然高く都市部では、認可保育園のほかに認証保育園、保育ママ、一時預かりなどのサービスを実施しています。
　待機児の数も、保育園を整備しても必ずしも減少せず、潜在的な待機児数という表に現れない数字があります。その旨を理解した上で面接に臨んでください。

Q 3 自治体と雇用

★

質問 雇用や失業に関する統計数字をご存知ですか。

回答 総務省が発表した2011年平均の完全失業率は、前年と比べ0.5ポイント下回り4.5ポイントでした。リーマンショック以降の経済の停滞に伴い、雇用情勢も急激に悪化しました。

質問 基本的な質問ですが、なぜ自治体が雇用行政を行うのでしょうか。

回答 2000年の雇用対策法の改定により、地方自治体は、地域の実情に応じた雇用対策に対して努力義務を負うことになりました。また、かつて、雇用対策は国の仕事ということで、職業紹介事業は国が独占していましたが、2004年に職業安定法が改正され、自治体も職業紹介の業務ができるようになりました。それに伴い自治体が、地域の実情に合わせた雇用をサポートしていくことが求められていると思います。

質問 現在の雇用に関する問題点を挙げてください。

回答 1つには、経済状況が低迷していることから、企業は新規採用を手控えており、高校や大学の新卒者など、若年者の就職率が悪いことです。2つ目は、団塊の世代が退職を迎え高齢者も再就職を希望する方が増える中で、企業の求人と就労希望者とのミスマッチが生じていることも問題かと思います。

質問 若年者の就職率が悪い理由は、大企業の採用者数が少ないことだけでしょうか。

回答 若年者特に、大卒者は、大企業への就職を希望している方が多く、希望が叶わない場合に就職浪人をする方も少なくありません。一方、中小企業の中には、良い人材を採用できるチャンスと捉え積極的に採用のために動いている企業もあります。ただ、学生本人に加えその両親が、中小企業を敬遠する傾向もあり、その点のミスマッチが生じているといえます。さらに、ニートなど、就労意欲が希薄な若者も増えていることも大きな社会問題となっており、そのことも原因の1つかと思います。

自治体と雇用 7

> **回答のPoint** 雇用のミスマッチをいかに解消していくかを示す。

質問 団塊の世代の雇用も大きな問題とのことですが、高齢者の望む仕事と社会が求める仕事とは一致していますか。

回答 高齢者が再就職しようとするときの特徴は、今までやってきた仕事を希望される方が非常に多いことです。コンピュータや電気技師、海外取引など専門的な職業に就いていた場合であれば、求人も一定程度あり希望に沿いやすくなっています。一方で事務をやってきた方が事務仕事を希望される場合には、その分野の求人数は多くありません。

質問 地元の中小企業は、どのように雇用を確保してきたのでしょうか。

回答 景況が悪化している中で、リーマンショック以降雇用調整助成金を使って雇用を維持してきた中小企業が多いと聞いています。

質問 あなたが雇用促進の担当課長になったとしたらどのような政策を打ち出していきますか。

回答 地域における雇用創出効果の最も大きな施策は、企業誘致であると思います。地方都市では、税制優遇や大胆なインセンティブを用意して企業誘致を図っています。わが市においても企業誘致にも取り組みたいところですが、まずハローワークと協力して若年者雇用のためのセミナーを開いたり、地元の中小企業の魅力をアピールするなど様々な施策にトライして、少しでも雇用が増えるよう努力してまいりたいと思っております。

面接官の視点

> 雇用についても自治体の施策として位置づけられました。ハローワークや労働基準監督署などとも協力し、様々な場面で施策の展開が求められています。高齢者も、年金受給年齢との関係や社会参加の意味からも元気なうちは働きたいと考える方が多くなりました。高齢者の場合、企業に再就職の他、起業したい方やNPOやボランティア活動をしたいという方もおられますので、高齢者の社会参加という観点から総合的な施策として捉える必要もあります。

Q4 産学公の連携の促進

★★

質問　産学公の連携の前段として、産学公とは何を示しているのか説明してください。

回答　まず、「産」は、産業界、または個別の企業を示します。「学」は、学術機関全般ですが、自治体で使われる場合は、地元の大学や研究機関を指します。最後の「公」は、国や自治体を示します。

質問　なぜ産学公の連携が必要なのでしょうか。

回答　もともとは、大学の研究成果を事業化することで高い競争力、成長性のある新規産業を創出していこうとする産業界の取り組みでありました。それを発展させ、両者の間を国や自治体がコーディネートしてきたものかと思います。それぞれの機関は、産学公の連携や協働に経済の活性化、新たな製品開発のきっかけを見出していきたいとの思いがあります。

質問　産学公の連携分野としてはどのような分野がありますか。

回答　産学公の連携分野として、国のレベルでは、大学と産業界との研究協力は以前からかなりなされています。特に薬の開発、新素材、航空宇宙産業などは、その分野の例かと思います。

質問　地域にある中小企業は、産学公の連携をどのように捉えていますか。

回答　地方の地元企業特に中小企業は、自社内に研究開発機関や専門の開発要員を確保しているという例は稀です。新分野への研究や新製品開発については多額の開発費を要するため、大学や外部の研究機関の知識やノウハウを基に、国の補助金を引き出して新製品開発に取り組もうとする中小企業も出てきています。

質問　次に大学は、どのような思いで連携を考えているのでしょうか。

回答　まず、以前の工業系大学の研究室では、研究に特化しており、新分野・新技術に関する研究を製品に生かすという発想は少なかったと思われます。今は、多くの大学で企業と連携し実際の商品開発に取り組んでいる例が多くなり

産学公の連携の促進　9

> **回答のPoint**　高度な研究を地域に生かす視点を持つ。

ました。商品化に結び付く研究をすることで、対外的なアピールができるほか、企業からの開発資金を提供してもらえるなど研究を続けるため実利的な効果もあります。最近では、少子化により各大学とも優秀な学生獲得のため、大学としていかに特色を出していくかという点からも地域を始めとする多方面での連携を進めています。

質問　地域での産学公の連携は進んでいますか。
回答　地域経済活性化のための手段としても、産学公の連携に大きな期待がかかっています。ただ、地域の企業との連携が広く進んでいるわけではありません。多くの企業や大学・関係機関同士をつなげるためには、中で仲介する自治体のコーディネート力が問われています。産学公の連携がうまく進むかは、自治体のコーディネート力、コーディネーターの資質や専門性がカギになると言っても過言ではありません。

質問　これからの産学公の連携をより進めていくために、自治体のコーディネート力をどのように高めていったらよいと考えますか。
回答　地域の病院、農業、食品、福祉など多くの分野において様々なニーズがあります。一方で、大学で研究されているシーズを共に把握し、適切なマッチングを実施し、事業化へ結び付けていく必要があります。ニーズ、シーズに目利きのできるコーディネーターの育成は、簡単にできるわけではありません。企業の開発部門にいた方や長年中小企業の技術を見てきた方を招へいし、多くの機関との情報交流などを重ね育てていく必要があります。また、いままでの産学公の連携は工業分野での連携が多かったと思いますが、今後は、広い分野で産学公の連携が促進されるよう努めてまいりたいと思っています。

面接官の視点

受験者の自治体においても何らの産学公の連携事例はあると思います。事例を基に自治体の取り組みを把握してください。

Q.5 都市型観光

★

質問 観光政策が見直されるようになったのはなぜでしょうか。
回答 2008年、旧観光法を改正し、「観光立地推進基本法」が施行されました。この法律では、地方自治体の責務として、地域の特性を生かした観光施策の作成、実施が謳われ、自治体としての積極的な役割が明記されました。そのことによって、自治体の観光施策は大きく変化したと言われています。

質問 観光を定義するとしたらどのように定義されますか。
回答 観光は、交通、宿泊、旅行業、飲食、ホスピタリティサービス、土産など様々な事柄と多くの産業分野を包括する概念で、総合的な産業という捉え方ができると思います。

質問 それでは、都市型観光をどのような意味で捉えていますか。
回答 一般的に観光地と呼ばれる場所には、有名な寺社やあるいは温泉などがあり、多くの観光客が訪れる場所と思われます。観光は、先ほどお話ししたように様々な諸事業の総合体です。どこの地域でも、長い歴史に育まれた貴重な歴史、文化、景観や地元の人々が気付かない資源があるはずです。そのような地域にある資源を活用し、テーマ性を加味し多くの方々にアピールすることによって観光に結び付けていくことができます。都市型観光とは、都市においても、その地域にある資源を発掘し、活用して観光を展開することだと思っております。

質問 都市の中で、そのような資源となる例を挙げてください。
回答 たとえば、医療ツーリズムというものがあります。都市の中に高度な医療機関が揃っているのであれば、それが資源となります。アジアの富裕層をターゲットとして、治療を受けたい、医療サービスを受けたいという方々を招くことが可能となります。また、最近では、伝統工芸の工房や工場を見学する産業観光というものも注目されています。その他、外国人には日本の銭湯なども興味深い存在です。

> **回答のPoint**　地域にある資源の発掘、まちの魅力に気づくことが大切。

質問　都市の中にも観光資源があるということですね。ただ、医療や産業も特色のあるものが必要で、本市にはそこまでの特徴はないようですが。

回答　確かに、本市で、医療ツーリズムは難しいかもしれません。もう1つ外国人の強い関心事として、その地の生活を知るという生活観光の視点があります。正に日本人の普段の生活を体験するというものです。満員電車に乗ったり、銭湯、商店街や居酒屋に行ったりします。外国人にとって日本の日常生活が新鮮に写り、それも観光資源となりうるわけです。

質問　観光行政に取り組むメリットを挙げてください。

回答　観光には、社会的、教育的効果など様々な効果があります。とりわけ経済的効果は多くの産業が関わることで生まれます。運輸、宿泊、飲食、土産物など多くの分野へ経済的な波及効果をもたらすとともに雇用創出の効果もあります。

質問　「日本の普段の生活を体験する」とのことですが、都市型観光を推進する上で、地域の力を結集するにはどのようにしたらよいのでしょうか。

回答　観光は総合事業です。観光に携わる方々だけでなく、市民の観光に対する意識が重要になります。市民の機運を醸成し、「おもてなしの心」をもって本市を訪れる方を迎えていただけるかが1つの鍵といえます。そのためには、歴史、文化の案内ボランティアガイドの育成やおもてなしガイドブックを配布するなど、市民への広報、PRに努めてまいりたいと思います。

面接官の視点

いわゆる観光地がない都市にあっても、まちの歴史、文化的、社会的資産は必ずあるものです。それを発掘し、明確化していくで、都市型観光の資源となります。都市の資源には、交通網や各種のレストランなどもあります。それらをネットワーク化することで、まちに回遊性を持たせることも可能です。そのような視点を持って日頃からまちの資源を探しておくことも興味深いことかと思います。

Q6 人口減少社会

★

質問 近年、わが市においても人口減少の傾向が見え始めています。わが市の人口の動向について把握していますか。

回答 はい。わが市の人口は1960年代の約25万人をピークに減少が続き、昨年は約20万人まで減りました。

質問 わが市の人口減少の特徴は何ですか。

回答 はい。わが市の人口減少の特徴は、20代・30代の市外への流出が著しい点にあります。その原因としては、わが市の主要産業が市外へ移転したため、就労先を求めて市外に移転する若い層が増えています。

質問 人口の減少は市政運営にも大きな影響がありますが、まず、市民生活にとって良くなることはありますか。

回答 はい。わが市は1950年から60年ころまでは産業活動が活発で、人口が急増したために人口が過密になり、公共施設の整備が間に合わず、必ずしも良い住環境とは言えませんでした。

しかし、人口が減少する中で、公園や道路などの公共施設の整備が進んだことから、防災面などを含めて住環境の改善がなされてきました。また、利用可能な土地の増大により地価を下げる効果も見込まれます。

質問 それでは、悪い影響としてはどんなことがありますか。

回答 はい。人口の減少は生産活動の停滞や低下をもたらし、市財政の基幹財源である税収を減少させます。その結果、これまでのような行政サービスを提供できなくなる恐れが出てきます。将来、学校施設や橋などが老朽化しても建て替えや架け替えができないといった事態が起こる可能性があります。

質問 そのような事態にならないためには、あなたが管理職であれば、今、何をしなければならないと思いますか。

回答 はい。私が管理職であれば、まず、歳出の抑制を図ります。自分の所管課の事務事業をすべて洗い出し、無駄な部分はないか、1つひとつ点検しま

> **回答のPoint** 人口の動向は市政に大きな影響を与えます。実態を良く把握すること。

す。その上で、事務事業を執行していく上での優先順位をつけ、優先度の低いものは事業の廃止や統合を進めていきます。

質問 事業の廃止や統合は、サービスを受けていた市民にとっては抵抗があるのではないでしょうか。市民の理解は得られるとお考えですか。
回答 事業の統廃合を進めるにあたっては、市財政の状況や今後の見通しを十分に説明した上で、統廃合の必要性が理解されるように努めます。

質問 今まで受けていたサービスが受けられなくなることは、それがどのようなサービスであっても住民にとっては不満の残るところです。事業を統廃合する前にやることがあるのではないかと問われたら、あなたはどう答えますか。
回答 はい。所管課の事務事業の見直しに際しては、課内の事務の効率化による節約や消耗品の節約なども行いたいと思いますので、そういった取り組みを紹介し、行政自らも無駄をなくす努力を始めている旨を説明します。

　市自体が率先して、一生懸命に節約の努力をしている姿を示す必要があります。そうでなければ、市民の理解は得られないと思います。

面接官の視点

　この事例では、面接官の質問に答えるのがやっとという感じになっています。事業の統廃合を行うと答えていますが、まず、自らが行えるところから着手しなければ、住民の理解は得られないでしょう。事務事業の改善をどういった順番で進めていくか、考察しておくと良いでしょう。

　また、ここでは触れていませんが、歳入の確保についても述べることができれば回答に幅ができます。

　人口減少に加え、経済の好転が見通せない状況下では、自治体の財政運営は、管理職にとって大きな課題です。自分の考えを良くまとめておきましょう。

Q7 地球温暖化防止対策

★

質問 地球温暖化による危機が叫ばれて久しいですが、その背景について説明してください。

回答 人間が生活する上で、自動車の運転やエアコンによる室温調節といった資源の消費、また、製品の生産やオフィスでの事務処理といった経済活動などをすると、大気中に二酸化炭素その他の温室効果ガスを排出します。これが年々増加して、地球の平均気温を上昇させ、環境への深刻な影響をもたらしています。

質問 地球温暖化の弊害を具体例をあげて説明してください。

回答 例えば、平均気温が上昇すると海水の温度も上がり、魚の生態系にも影響が出ます。今までいなかった品種が現れ、代わりに、古来から食べ親しんできた品種を絶滅に追いやるなど、私たち人間社会の生活・文化面に支障が出るケースも生じています。

質問 わが市の地球温暖化防止対策の取り組みを知っていますか。

回答 わが市は、2008年6月に改正された地球温暖化対策推進法において、地球温暖化対策実行計画の策定を義務付けられた対象の自治体ではありません。しかし、世界的に取り組まれている運動に、地方公共団体としての役割を担うため、昨年度に地球温暖化対策実行計画を作成いたしました。

先の大震災による原子力発電所の事故に伴い、わが国の電力需給がひっ迫する事態が起こりました。これを契機に、わが国のエネルギー政策が大きく変わろうとしています。こうした時期を捉えて、エネルギーの使い方を改めて考えることを通して、地球温暖化防止対策を推進していかなければならないと考えます。

質問 温暖化防止のためには、事業所に対する二酸化炭素の削減義務化を進める必要がありますが、あなたなら、どのような進め方をしますか。

回答 確かに、温暖化防止の実をあげるためには、事業所の協力が不可欠です。その一方で、民間の活力は、活発な経済活動により支えられていること

> **回答のPoint** 身近な地域という限られたエリアの単位と、地球という最大規模の単位が交差する分野なので、その関係性を整理すること。

も、また事実だと思います。

したがって、二酸化炭素の削減を義務づけるに当たりましては、事業所側と研究会や検討会を持つなど十分な話し合いの場を設け、民業圧迫にならないよう配慮しながら、協力を得ていきたいと思います。

質問 温暖化の防止には、私たちの暮らしも見直す必要があるのではないかと思いますが、どんな見直しが考えられますか。

回答 地球規模で環境問題が重視されている今日では、大量生産、大量消費、大量廃棄というライフスタイルに、ますます別れを告げなければなりません。それにはまず、物を大切にすることをPRし、再利用やリサイクルを中心とした資源循環型社会の構築を繰り返し啓発していくことが重要です。

また、環境保全に取り組む事業者には、報奨金や助成制度などの経済的なインセンティブや、エコマークの交付など、その活動を顕彰する仕組みをつくることも重要だと考えています。

質問 それでは自治体としてどのような施策を進めますか。

回答 まず、率先垂範の立場から、庁舎内の節電計画や省エネルギー対策を定め、実行に移します。また、太陽光発電パネル設置に対する助成制度を設けるなど、住民への誘導策の制定を進めます。さらに、住民が比較的気軽に取り組める方法として緑のカーテンなどの普及、啓発を進めます。

面接官の視点

> 地球温暖化防止の必要性については、ほぼ全世界で価値観が共有されておりますが、各国の事情で必ずしも足並は揃っておりません。世界的な話題であるだけに、大上段に構える回答をしがちですが、日常生活や経済活動といった住民生活に根ざした話をされた方が、説得力が増すと思います。
>
> 注意したいことは、温室効果ガスを排出する人間の活動がすべて悪いというような、極端な見解を表明しない方がよいという点です。環境と人間の活動の折り合いをつけて、かけがえのない地球を守るという視点を忘れずに。

Q8 ごみとリサイクル

★★★

質問 最近、廃プラスチックのサーマルリサイクルが話題となっていますが、ご存知ですか。

回答 はい、詳しいことは分かりかねますが、通常のリサイクルには回らないプラスチック類を清掃工場で燃やし、その熱を発電等に利用しようというシステムだと認識しています。

質問 プラスチックが燃やせるとなると、住民の心理としては、ほとんどのものを可燃ごみとして出せるので楽だということになると思います。それでよいのですか。

回答 ごみの問題は、単に収集し、焼却するのが目的ではなく、資源物の有効活用や環境問題への貢献も視野に入れて取り組むべきと考えます。そのためには、そもそもごみを出さないことを前提に、資源となるものはできる限り資源としてリサイクルします。その上で、リサイクルできないものは燃やして熱として回収し、発電等に有効に活用するべきだと考えます。

質問 それではリサイクルについて伺います。自治体はリサイクルについてさまざまな取組みを始めていますが、その状況についてお答えください。

回答 はい。たとえば、ビン、缶、ペットボトルなどについてはかなり広範な自治体がリサイクルに取り組んでいると思います。また、新聞紙、雑誌、段ボールなどの古紙類のリサイクルも進んでおります。ただ、古紙類のうち特に新聞紙は、市場との関係で、その価格が高いと業者が回収し、値が下がると業者が撤退するなど市況の影響が強いものでもあります。

質問 国は、リサイクル関係の法令の整備をしてきましたが、自治体の職員としてどうお考えですか。

回答 容器包装リサイクル法、家電リサイクル法などが施行され、過剰包装の抑制効果やそれまで粗大ゴミとして処分されていた使用済みの家電4品目（テレビ、エアコン、冷蔵庫、洗濯機）をメーカーが回収し、再利用されるなどかなりの前進であると思います。また、2003年にはパソコンが、2009年からは衣

> **回答のPoint** ごみをはじめ環境問題はホットな話題である。最新の情報を仕入れておこう。

類乾燥機などがリサイクルの対象品となりました。

質問 それでは、今までのリサイクルとの相違点などをお聞かせください。
回答 今までのリサイクルは、生産、消費、廃棄という商品の流れの中で、消費・廃棄の部分でビン、缶、ペットボトルなどを収集し、廃棄物の再生をしてきたという流れだったかと思います。それが、生産者、特に電機メーカーなどの大企業を巻き込んで、俗にいう川上からの大きなサイクルができてきた点に違いがあると思います。ただ一方で、容器包装リサイクルでは、リサイクル費用の7割を占める収集・保管費用が市町村の負担となります。生産者側に痛みがなく、無駄な容器の生産を抑制する効果が出ません。家電リサイクルのような生産者を巻き込むリサイクルの輪をつくっていく必要があると思います。

質問 古紙や缶などの抜き取り行為があとを絶ちません。あなたはどのような対策が必要だとお考えですか。
回答 第1には、職員によるパトロールを強化し、抜き取り実行者に対して注意します。第2に、さらに抜き取り行為をする者に対して厳しく接するため、抜き取り禁止条例などを定めて法令的根拠を明確にします。第3に、抜き取られないような自主的防衛策として、コンテナボックスによる回収など、所有権を明確に主張するような工夫を検討します。

いずれにしても、古紙などの価格が高い状況では、抜き取り行為が続くことが考えられます。地域の自治会、町会など市民の皆さんと協力して、粘り強く対策を打っていきます。

面接官の視点

資源の有効利用、再資源化やリサイクル活動を自治体として取り組まなければならないことはいうに及びません。所属する自治体のごみの量についてはある程度数字で答えられるようにしてください。また、先進的な自治体のリサイクル例などを捉えておき、そのメリット、デメリットを説明できるように用意していれば申し分ないかと思います。

Q 9 震災廃棄物の処理

★★

質問 この度の大震災では災害廃棄物の処理が大きな問題となっています。遠隔地の自治体で、地震と津波によって生じた被災地の災害廃棄物の処理を受け入れるかどうか、もし仮にあなたが、災害廃棄物の処理あるいは最終処分場を担当する管理職であり、国から広域処理の要請を受けたとしたらどのように対応しますか。

回答 被災地の災害廃棄物を受け入れるかどうかは、一管理職が判断できる課題ではなく、最終的には、市政のトップである市長にご判断をいただかなければならないと考えます。担当管理職としては、上司や市長にご判断いただくための情報や資料を早急に整えていかなければならないと考えます。

質問 では、具体的にどのような情報を整えるのですか。

回答 まず確認しなければならないのは、どこの被災地のどのような状態の廃棄物をいつから、どのくらいの量を処理しなければならないのかといった要請内容を具体的に把握します。その上で、わが市の処理施設を利用するとすれば、日常の廃棄物処理に支障を生じさせずに受け入れ可能な量はどの程度か、また、最終処分場の許容量がひっ迫する中で、どの程度までなら受け入れられるのか試算します。さらに、市民生活の安全安心を確保するために、有害物質などの測定値を収集し、あるいは実際に測定して、国等の定める安全基準に適合しているかどうかを確認します。災害廃棄物を受け入れる前だけではなく、受け入れた後のチェック体制についても、検討をします。

質問 それでは、どの段階で市長の判断を仰ぐのですか。

回答 まず、災害廃棄物の性状や量、受け入れの可能性を調査した段階で、一度状況報告をしたいと思います。その際に、受け入れの可能性を検討せよといった指示があれば、ただちに、国や県に対して詳しい情報を求めます。支援する自治体が特定されれば、現地に向かい災害廃棄物の分別状況、性状や実際の量、有効な運搬方法などを調査します。

また、運搬時の安全性や処理処分する際の安全性を確認するため、現地での有害物質等の除去方法を確認し、必要であれば改善を要望します。

> **回答のPoint** 住民の安全安心が第一、十分な調査と行動力が大切。

　さらに、市民に安心していただくためには、受け入れる際や最終処分する際の測定方法、測定結果の公表の仕方について検討を進めます。以上の点について検討した結果を上司や市長に報告して、ご判断をいただきます。

|質問| 市長が受け入れの方針を判断した場合、どのように対応しますか。
|回答| まず、議会関係に状況を説明し、ご理解いただけるよう説明に努めます。次に市民のご理解を得るために住民説明会を開催いたします。住民説明会を行うにあたっては、課内の職員の協力と意思統一が不可欠です。係長会を開き、状況を周知するとともに、疑問点があれば十分に解明し、市民からの問い合わせに対して、職員は誰でも正確に答えられるように準備します。

|質問| 住民説明会では、受け入れありきの説明会は納得できないといった意見が出ることが予想されます。あなたはどのように対応しますか。
|回答| はい。まず、被災地の早期の復興には廃棄物の処理という支援が必要であることを説明し、その上で、受け入れる廃棄物の性状や安全性、さらに受け入れ期間中のチェック体制などを説明し、ご理解を得るように努めます。

|質問| それでも納得できないといった場合は、どのように対応しますか。
|回答| 疑問な点があれば丁寧に説明し、また、被災地支援のために受け入れの必要性などについて、繰り返しになったとしても、粘り強く、丁寧に説明していきたいと思います。

面接官の視点

　管理職が厳しい場面でどのように対応していくか、その姿勢が問われています。真摯に、粘り強く丁寧に対応する姿勢が求められています。その覚悟が伝わるような回答を心がけてください。
　市長の判断を仰ぐ際には、管理職は十分な判断材料を揃えなければなりません。早急な対応を迫られるときは、できるだけ広い視野から資料を集め、率先して行動しなければなりません。力強い姿勢を示してください。

Q10 被災地支援

★★

質問 近年、日本全国各地で大規模な災害が発生し、被災地への支援活動が行われています。わが市においても、被災地支援は行っていかなければならないと考えますが、あなたが担当の管理職であったらどのように対応していきますか。

回答 私が担当であれば、まず、被災地の現状を把握するため情報収集を行います。発災直後は、現地は混乱の最中にあり、その中で何をすべきか、あるいは何ができるのか、収集した情報の中から早急に検討します。

次に、収集した情報をもとに、道路の状況や危険性の有無などを把握した上で、できるだけ早急に小規模の職員グループを編成し短期間派遣します。

質問 現地が混乱している中で、職員を派遣するということですが、何を把握するのですか。

回答 派遣する職員には、優先的に必要な支援の内容の把握、被災自治体との連絡調整の窓口の確認など、今後支援に必要な情報を収集させます。派遣する際には、短期間でできることを行うという姿勢で、食料や医薬品、作業道具などの物資も運ぶように心がけます。

支援を行うにあたっては、むやみに物資や人を送るのではなく、できる限り現地の要望に応えられるようにしなければならないと思います。そうでないと、現地での対応ができずに逆に迷惑をかけてしまうおそれがあります。

質問 状況を把握して、次は何を行うのですか。

回答 情報に基づいて、できるだけ早く準備を整えて支援物資や人員を送ります。ただし、二次災害に遭うことのないよう危険な個所には近づかないなど身を守ることの大切さも諭しておきます。緊急の場合は、できるだけ早く支援に向かうことが大切であると思いますので、準備ができ次第出発させます。

質問 できるだけ早く人員を送るという気持ちは分かりますが、被災地が混乱している中に人員等を送り込むことは、かえって現地を混乱させたり、何をしたらよいのか分からず、何もできずに帰ってくるというようなことになりませ

被災地支援 21

> **回答のPoint** 一刻も早く適切な支援が大切である。そのためには、正確な情報収集と行動力が求められる。

んか。

回答　はい。確かに、現地が混乱している中に無原則に人員を派遣すれば、かえって混乱させてしまうことになりかねません。そうならないように、被災自治体との窓口を通じて、必要な物資等が必要な場所に届くようにしっかり段取りをしておきます。また、支援に行ったら指示待ちにならず、何でもするつもりで積極的に働くように職員に指示します。現地に迷惑をかけないようにテントや食料も持参するように配慮します。

質問　被災地の支援は短期間では終わらないと思います。その後は、どういった支援を行っていきますか。

回答　はい。当面は物資の輸送など生きていくための支援が中心になりますが、その後は、安否確認や各種申請の行政手続き、道路の整備、建物の診断、がれきやごみの処理、さらには復興計画作成など多くの支援が必要になります。

　私が担当者であれば、被災地の自治体と緊密に連携をとり、発災初期だけではなく、復興の支援など中長期的な視点をもって、適時に適切な支援ができるように取り組んでいきます。

面接官の視点

　もし、担当の管理職であれば、早いうちに自ら現地に向かい、状況を把握しておくことも必要でしょう。担当者としての熱意と積極性を示しましょう。ここでは、**予算については質問していませんが、物資や人員の調達、派遣には予算が必要です。住民の善意に頼って資金を募ったり、ボランティアを派遣する方法もあります。その点も、考察し、よく整理しておくと答えや**すくなります。
　また、ボランティアの派遣については、現地で十分に支援できるように配慮しておくことも必要です。**善意だけで終わらないように気を配っておくことも必要です。**

Q11 帰宅困難者対策

★

質問 先の東日本大震災では、首都圏で約515万人の帰宅困難者が発生したと推計されています。なかでも、東京都内ではその70％にあたる約350万人の帰宅困難者が発生したと言われています。あなたはこのことをご存知ですか。

回答 はい。東日本大震災の時には交通機関が麻痺したことから、首都圏では多数の帰宅困難者がまちに溢れ、歩いて家に帰る人の列が、延々と国道沿いに続く映像がテレビから流れていました。その光景を見て、改めて帰宅困難者対策の必要性を痛感しました。

質問 わが市においても、多くの方が周辺地域から通勤してきています。帰宅困難者の安全を図るためには、何をどのようにしたら良いと考えますか。

回答 他市の住民であっても、非常時には安全と安心を確保するために最大限の支援をしていかなければならないと考えます。

すでに都内のターミナル駅では、駅前に滞留した帰宅困難者を想定して、鉄道事業者と駅周辺の事業者が協力して避難所へ速やかに誘導するなどの訓練が行われています。また、別の都心の区では、帰宅ルートを自分で描いてもらうようなイベントが行われ、想定される帰宅困難者自身の意識を高めるような取組みも行われています。そのほか、徒歩で帰宅するにあたっての給水や食料の提供、トイレや休息所の設置訓練を行っている自治体等もあります。

わが市でもこうした他の自治体や事業者の例に学びながら、特にターミナル駅周辺を中心に、できる限り帰宅困難者が安全に帰宅できるように援助する体制を整える必要があると考えます。

質問 他都市の例に学ぶということですが、それでは手遅れになりませんか。

回答 東京都では、国と共同で2011年9月に首都圏の自治体、鉄道事業者などとともに「首都圏直下地震帰宅困難者等対策協議会」を立ち上げ、事業者や都民も含めた取り組みを進めています。本格的な対策は、専門家などによる客観的な報告によって被害の全体像を捉えてからのほうが、的確な対応が可能であると思います。

とはいえ、帰宅を翌日に延ばしたり、6時間ごとに帰宅開始時間を分散する

帰宅困難者対策　23

> **回答のPoint**　災害時は待ったなし、という気持ちで現状を正確に捉え、リアルに回答する。

ことで、混乱に巻き込まれる人は3分の1から4分の1にまで減ると言われています。密集した状態の危険を避けるためには、学校の避難所や企業での一時収容、さらには、家族への安否確認方法のなどの周知を図っていく必要があります。今からでも、できることは着実に準備していくことが求められています。

質問　そうは言っても、災害が発生したときには地域の住民も企業も自分のことで手一杯ではないでしょうか。帰宅困難者への援助は可能でしょうか。

回答　はい。確かにこれまでの防災訓練は、地域に住んでいる住民を中心にした訓練であり、帰宅困難者への配慮は不十分な面がありました。しかし、非常時には地域の住民であるかどうかに関わりなく、安全を確保することが大切です。そうした意識を醸成していくためには、防災訓練の実施に際しては、地域の住民だけではなく、企業に勤める皆さんも参加していただき、日頃から協力する気持ちや体制を育てていく必要があります。

　特に、東日本大震災による多数の帰宅困難者の発生は、各企業にとっても大きな教訓となっていると思います。水や食料を備蓄する企業も増えています。私が担当の管理職であれば、この機会を捉えて、自治体が主導して、鉄道事業者や地域の住民も含めた協力、連携の体制を整えていきたいと思います。

　また、行政自身も、率先して帰宅困難者対策の体制を整えておく必要があります。

面接官の視点

> 　災害時には、すべての人々の安全と安心を確保する視点が大切です。帰宅困難者への対応策も検討され、着実に実行されつつあります。受験生の皆さんは、問題をリアルに捉え、対策の考え方、具体的な方法をまとめておくことが大切です。
> 　この事例では、都心部の自治体を想定しています。逆に、多くの住民が都心部に通勤している自治体では、まったく違う取組みが必要だと思います。そのあたりも十分に考察しておきましょう。

Q 12 安全・安心のまちづくり

★★

質問 近年、安全・安心のまちづくりの必要性がいわれるようになり、各自治体や町の皆さんの取組みが行われています。なぜ、このような取組みが求められるようになったのでしょうか。あなたのお考えをお聞かせください。

回答 ここ数年、オートバイを利用したひったくり、街中で女性や高齢者を狙った犯罪や、ピッキング、サムターン回しなどの侵入窃盗などが急激に増えています。こうした犯罪の発生の伸びが著しいために、警察の懸命な努力にもかかわらず、検挙率が下がってきています。

女性や高齢者を始め誰もが安心して暮らしていくためには、安全なまちづくりが求められています。

質問 あなたの自治体で、今おっしゃったような事件が頻発しているとします。あなたが担当課長であれば、どのように対応策を考えますか。

回答 第1に、地域ぐるみで防犯に取り組んでいるということを、積極的にアピールすることによって、抑止効果を発揮させていきます。そのために、自治会・町会やボランティア団体と協力してパトロール活動をはじめとした防犯キャンペーンを、目立つ形で実施していきます。

第2に、警察と協力し、引ったくりなどの被害にあわないために防犯教室などを開き自衛策を啓蒙する機会を増やしていきます。

第3に、住民、警察、行政が一緒になって街の危険箇所を点検し、防犯灯の設置などの対応策を具体化していきます。

質問 そのような取組みを進めていく上で、もっとも留意しなければならないことは何でしょうか。

回答 はい、防犯活動が長く継続できる態勢を整えることであると思います。短期、集中的なキャンペーンは、一時的に大きな抑止効果が期待できます。しかし、時間がたち、隙ができれば犯罪者は必ずそこを突いてきますので、持続的に抑止効果を発揮できる態勢づくりが必要です。そのためには、住民自身が自分たちのまちは自分たちで守るという意識をもって行動していくことが大切です。そして、住民の活動を支えるために、職員が住民と一緒になって活動

> **回答のPoint** 市民の意識の向上を図り、次に何に取組むのか道筋を示す。

し、問題を理解しあい、解決に向けて試行錯誤していくことも大切です。

質問 最近は、商店街を中心にして街頭に防犯カメラを設置する事例が増えてきています。また、防犯カメラの設置にあたって補助金を出す自治体もあります。あなたはこのことについてどのようにお考えになりますか。

回答 補助金制度の効果があり、防犯カメラを設置する商店街などが増えています。実際に防犯カメラの記録を元に、犯人の検挙に結びついたという事例も増えています。直接的な効果の他にも、防犯カメラの犯罪抑止効果もあると考えております。今後も、住民のプライバシーには十分に注意しながら、近隣住民の理解と協力を得て設置箇所の拡大に努めていきたいと考えます。その意味でも、補助金制度を拡充していきたいと思います。

質問 子どもの安全については、どうお考えですか。

回答 学校内への不審者侵入、通学路等での殺傷事件、児童虐待など子どもの安全が脅かされています。これに対しても、地域住民との協働で、見守りネットワークをつくるとともに、子育て相談などの支援体制も整備すべきと考えます。

さらに、不審者情報が迅速に、かつ正確に保護者や警察関係者などにも伝わるように、携帯電話のメール機能の活用を図っていきます。

面接官の視点

まちの安全と安心を確保することは自治体の基本的な使命です。しかし、実際、警察は都道府県の事務であり、市区町村には直接的に取り締まる権限はありません。そうした現状の下で、自治体がどうやって安全で安心して暮らせるまちづくりを実現するかが問われています。**警察など他の行政機関との協力をはじめ、住民の自主性を生かした活動の支援、プライバシーへの配慮、財政的な判断などについての見識が問われます。**

Q 13 高齢者と消費者行政

★

質問　消費者行政についてあなたが知っていることをお答えください。

回答　かつて国の消費者行政は、各省にまたがり縦割りでしたが、2009年9月に消費者庁が設置されてからは、情報を一元化し、関係省庁に適切な措置を取るよう勧告を行うこともできるようになりました。また全国の消費生活センターのバックアップを図るなど消費者行政が大きく変革され、重要な分野であるという位置付けがされてきたものと思っています。当市においても消費者行政の窓口としては、消費生活センターが中心となり、様々な消費者相談や啓発活動などに取り組んでいます。

質問　消費者問題の中でも、高齢者に対する消費者被害が多く寄せられていると聞きますが、高齢者が被害に遭いやすいのはなぜだと考えられますか。

回答　高齢者は、お金、健康、孤独の3つの不安を抱えていると言われています。悪質な業者は、高齢者の抱える不安をあおるなどして言葉巧みに近付き、年金や預貯金を狙っています。また、高齢者は自宅にいることが多いため、電話による勧誘販売や訪問販売等による被害に遭いやすい傾向もあります。

質問　以前からある、いわゆる「おれおれ詐欺」のようなものもいまだにあるようですが、なぜ発生するとお考えになりますか。

回答　以前は、孫や子どもを装った振り込め詐欺が横行していました。その後も手口を変え様々な詐欺がいまだに発生しています。身内のトラブルを告げ、電話口での慌てている様子から、緊張感、切迫感等のストレスにより冷静さを失って騙されてしまうということが原因かと思います。

質問　そのような社会的な状況や被害者を出さないために市ではどのような取り組みをしてきたのですか。

回答　これまでも、消費生活センターを中心に、啓発チラシの配布、老人クラブ等への出前講座の開催などにより、悪質な事業者の手口の公開や被害に遭わないための周知活動を中心に行ってきました。ただ、高齢者の被害は、被害に遭ったこと自体を恥ずかしいことと思ったり、騙されたことを認めたくないな

> **回答のPoint** 高齢者に関わる機関がネットワーク化し対応することが大切。

どの心理が働き相談に来ないケースが多く、泣き寝入り状態となっていることも少なくありません。

質問 さらに踏み込んだ対策としてどのようなものが望まれますか。
回答 こうした高齢者の消費者被害に適切に対応するためには、相談体制の充実、悪質な事業者の取り締まり強化に加え、高齢者の身近にいる方々の協力と関係機関のネットワーク化を強化することが非常に大切になると考えます。

質問 身近にいる方々の協力と関係機関のネットワーク化とはどのようなことですか。詳しく説明してください。
回答 はい。これは、高齢者の身近にいる方々と共に地域全体で高齢者を見守るネットワーク化のことです。具体的には、ケアマネージャー、ホームヘルパー、民生委員、保健師、市役所の高齢者担当部局や消費者生活センターなど高齢者に関わりのある機関や人々が、事前の周知、被害に遭いそうな場合の早期発見、被害に遭った後の事業者との交渉など、関係機関がネットワーク化することでいずれの場面においても高齢者を手厚く見守っていくことです。

質問 それでは、認知症の方が合う被害についてはご存知ですか。
回答 最近の高齢者被害の中では認知症の方が何度も被害合う、いわゆる『被害のリピーター化』が大きな問題となっています。一度被害に遭った高齢者がその時点で何らかの福祉サービスを受けていない場合に、繰り返し悪徳業者の標的にされてしまうケースなどで、地域福祉権利擁護事業や成年後見制度などの福祉サービスを適用し救済していく必要があります。

面接官の視点

> 地域で高齢者を消費者被害から守る仕組みをつくるためには、消費生活部門と、高齢福祉部門との連携が重要です。具体的な事例も含め、回答に示されたようなネットワーク化や認知症高齢者への対策も説明できるようにしておきましょう。

Q 14 特定非営利活動と行政

★★★

質問 特定非営利活動促進法、いわゆるNPO法に基づくNPOとは何か、簡潔に説明してください。

回答 NPOとは、"Nonprofit Organization"の略で、ボランティア活動などの社会貢献活動を行う、営利を目的としない団体の総称です。このうち所轄庁に申請し、認証を受けると、NPO法人となることができ、団体名で銀行口座の開設や事業所の賃借などを行うことが可能になります。

質問 平成23年には44,000を超えるNPO団体の登録数があり、1998年のNPO法制定以降、団体数が着実に増えてきています。なぜ、このように増えてきたとお考えですか。また、今後さらに、NPO団体の活動が発展していくために何が問題となっているとお考えですか。

回答 NPO団体を活動の分野別に見ると、福祉の増進を図る活動や社会教育、子どもの育成、さらにはまちづくりの分野で活動する団体が多いと言われています。自分に身近で、関心のあるところから社会に貢献していこうという人々が増えている結果かと思われます。また、NPOの活動は、それぞれの目的に向かってあくまで自主的に運営されていくものであると思います。その観点から、活動が発展していくためには主に3つの問題があると考えます。

第1に、活動資金の問題です。自主的な活動として、その費用の多くを自分たちで負担している例があります。また、資金の援助や収入があったとしても十分なものではありません。資料作りや通信費、交通費などは活動を支える基礎です。活動の発展を図ろうとすればするほど経費が必要です。

第2に、情報の不足です。適切かつ需要にあった活動を進めていくためには、他団体の事例や住民のニーズさらには新しい制度などの情報を正確に把握しておく必要があります。しかし、自主的な組織が情報を適時、正確に把握するには困難さが伴います。

第3に、活動の質の向上です。住民の信頼を得て、住民の需要に適切に応えることができてこそ地域に根付いた活動として発展していくことができます。そのためには、各NPO団体の活動状況や成果が利用者に情報として提供され、利用者が安心して依頼できるような環境の整備が求められています。

> **回答のPoint**　NPO団体との協働をどう進めていくのかが今後のカギ。

質問　そうした問題を解決するためにはNPO団体はどのように対応をしたらよいとお考えですか。

回答　まず、第1点目の活動資金です。資金を集める際には自立的団体としての独立性を保つために、自主的に集めることを基本にしていただきます。最近では、有償のボランティアも広く知られるようになりました。また、バザーなどの開催を通して資金を集めることも可能です。自治体は、直接的な支援は避け、バザー会場の提供など側面から支援し、自主性を尊重していきます。

第2点目については、行政が広報の窓口を活用して積極的に情報提供をします。また、インターネットの利用をボランティア団体に開放し、自由に情報を入手できる環境を整えます。

第3に、行政が各団体の交流する場を設け、意見交換する中で互いに切磋琢磨する環境を整えます。さらに、NPO団体が自主的に自分たちの活動を評価する制度の導入を促し、主体的に向上していく環境の醸成を図ります。

質問　今後もNPO団体の活動は拡大していくと思われますが、NPO団体と行政の関係はどうあるべきだとお考えですか。

回答　NPO団体にはそれぞれ自主的な目的があり、必ずしも行政の目的や施策と一致しているわけではありません。その点からいえば、NPO団体には自主的に活動を進めていただき、行政の施策の中で協力し合えるところから徐々に協働の関係を築いていきます。また、情報の提供や活動の場を確保するための窓口を設置し、NPO団体の活動を側面から支援します。

面接官の視点

高い問題意識と行動力を備えているNPO団体の活動には、目を見張るものがあります。しかし、NPOはあくまでも自主的な活動であり、行政の下請け組織のように捉えるようなことがあってはなりません。その前提に立ってどうしたら協力していけるのか、現実的に考察しておいてください。

なお、2011年に一部法律の改正があり、活動分野の拡大や、NPOの信頼性向上、財政基盤の強化を図っています。

Q 15 コミュニティの活性化

★★

質問 コミュニティの活性化が叫ばれるようになってから久しくなりますが、なぜ、コミュニティの活性化が必要なのですか。

回答 かつては生活の場において人々の連帯感は強く、地域の中で生じた問題の解決や防犯、防災活動は、地域の人々の協力の中で行ってきました。しかし、都市部に過度に人口が集中し、市街地の拡大や核家族化などとともにかつての連帯意識が薄れてしまいました。その結果、自分たちだけでは地域の問題に対応しきれなくなり、行政にその対応を求めるようになりました。

しかし、住民自治といわれるように、地方自治の基本は住民自らが責任と創意をもって地域の問題に対処することにあります。住民の意向に沿った、より質の高いまちづくりが求められる時代となり、自治体がすべての地域の問題に対応することができない現実の下で、必然的に住民同士の意見交換や協力した行動が求められてきています。

質問 しかし、昨今のようにプライバシーが重視される社会では、近所の方と深く関わりあうようなことは住民に受け入れられないのではないですか。

回答 確かに、他人に自分のことを必要以上に知られたくないという意識は強くあり、それぞれの生き方やライフスタイルは尊重されなければなりません。しかし、一方で災害時や防犯の活動など自分や家族だけでは対応できない課題も数多くあります。地域の中で安心して暮らしていくためには、プライバシーを守りつつ、必要なときには協力して対処できる、そんな近隣関係、地域関係が求められていると思います。

質問 たいへん理想的なお話しで結構ですが、実際には勤め人の方も多く、生活の時間帯が多様化している今の時代に、そのようなコミュニティを築くことはできるとお考えですか。

回答 一気にこうしたコミュニティを再構築することは難しいと思います。しかし、先の大震災の経験から、地域住民の防災面での協力の必要性が改めて認識されてきています。また、子育てを通じて知り合った若い母親たちのコミュニケーションや地域活動の輪が広がってきています。こうしたことから、これ

> **回答のPoint** コミュニティ活性化の必要性と住民意識とのギャップをどう埋めるか。

からコミュニティ活動が各地で拡充していく可能性があります。

　地縁団体として活動している自治会・町会に加え、ボランティア団体やNPOの活動が活発になっています。自分たちなりに目的をもち、できる範囲から活動に参加し、助け合っていく意識が高まることで、無理なくコミュニティ活動に参加できるようになると思います。

質問　最近「ソーシャルキャピタル」という言葉が使われるようになりましたが、どういうことか説明してください。

回答　はい。地域社会を豊かにするための人々のつながりを、「ソーシャルキャピタル」という、見えざる資本として捉えるようになりました。「ソーシャルキャピタル」が豊かになれば、地域住民の健康の増進、学習体験機会の拡大のような生活面での効果や、情報の共有化や市場の効率化のような経済面の効果等が生じる可能性があると言われるようになっています。コミュニティを活性化することは、「ソーシャルキャピタル」を豊かにしていくことにつながっていきます。そのためにも地方自治体は、コミュニティを活性化していくために住民と協働して、取り組んでいく必要があると考えます。

質問　具体的な行政からの支援策はどのようなものがありますか。

回答　まず第1に、今地域で活動している方々に対し、活動場所や情報などを適宜提供していく体制を整えること。第2に地域に貢献したい、コミュニティ活動に積極的に参加していきたいと考えている方々に、各団体の活動状況や参加方法などの情報を、的確に提供することです。特にこれからは団塊の世代の力を活用して、コミュニティの活性化を図ることが重要と考えます。

面接官の視点

　長い間テーマとなっている課題です。最近は、地域の力によって地域の問題を解決する事例も増えています。時代の変化に合わせて、より今日的な視点で、コミュニティのあり方を捉えているかどうかが問われます。常に、問題意識をもつことが大切です。

Q 16 ワンストップサービス、ノンストップサービス

★★

質問 ワンストップサービスとは何かについてお答えください。

回答 ワンストップサービスとは、一度で関連するすべての手続きを完了することができるようシステム化されたサービスのことです。様々な手続きが1箇所で、また、一度に済ませられる状態をいいます。

質問 ワンストップサービスは、行政のどのような場面で役立つのか例を挙げて説明してください。

回答 たとえば、市外から転入してきた方は、まず転入の届をします。同時に、住民票や印鑑証明書、さらには母親の介護保険の手続きもしたいと考えたとします。転入届、住民票、印鑑証明書は、住まいに近い出張所で可能ですが、介護保険の手続きは別の場所にある福祉センターでしかできないとしたら大変不便です。このような状態を解消するため、各自治体では、総合サービスセンターや総合窓口を設置して、できるだけ1箇所でサービスが完結できるように努めています。また、市役所本庁舎でも、住民に関係する諸手続や相談が、できるだけ同じフロアで済ますことができるよう集中化を図っています。

質問 次にノンストップサービスとは何かについてお答えください。

回答 インターネットなどのITを活用して24時間いつでも市役所に行かず利用できる形態のサービスのことです。市役所に行く必要がないことから、このように呼ばれています。

質問 現在ノンストップサービスとして行われているサービスはありますか。あれば、具体的な事例を示してお答えください。

回答 市役所に行かずに受けられるサービスとしては、住民票や課税証明などを自宅のパソコンから申請できる電子申請制度があります。また、会議室やスポーツ施設を自宅から申し込める公共施設予約システムもございます。ただ、書類の受取りや使用料の支払いなどは所定の窓口に行かなければならず、全てがノンストップというわけではありません。他の自治体の事例としては、コンビニエンスストアで住民票や印鑑証明書が取れるサービスを実施している自治

> **回答のPoint**　ＩＴ活用と職員のスキルを勘案した窓口サービスを。

体もあります。市役所まで出向く必要はなく自宅近くのコンビニでとれる点は便利ですが、これも完全なノンストップサービスではありません。

質問　ワンストップサービスやノンストップサービスはさらに推し進められるべきでしょうか、あなたの考えをお示しください。
回答　インターネットをはじめとする情報通信技術の進化と市民の生活スタイルは変化してきており、情報端末を個人が携帯する時代となっています。韓国では、自宅のプリンターから公的な証明書を出せると聞いています。社会の変化に合わせてさらに進めていく分野であると考えます。

質問　ＩＴ化が進み、様々な業務システムが導入されてくると職員の数も減らせますか。
回答　確かに、初期のＩＴ化は、手作業による事務の大幅な効率化ができたため、職員の削減が可能でした。既に、手作業による事務というものが少なくなって、職員はデータに基づく判断やデータを基に市民に説明をするなどの業務にシフトしています。そのため、さらにＩＴ化が進んだとしても職員の数の削減には結びつかないと思います。逆に、窓口では、ワンストップ化などにより、広範囲の知識や、より専門的な内容も聞かれますので、職員数の確保と職員の育成にも力を入れる必要性が増してくると思います。

面接官の視点

> 　行政サービスの形態は時代の変化とともに進化していかなければなりません。ワンストップサービスやノンストップサービスということばは、厳密な定義があるわけではありません。市役所の１階で、転入届以下、諸届け、各種の証明などの手続きができることをワンストップと称しているところもあります。１つの窓口で、全ての手続きができなければワンストップではないとの解釈もできるはずです。また、ＩＴ化は多額のコストを伴うため、職員の人件費分を減らすことができるかという点も古くて新しい問題です。自分の意見に矛盾が生じないよう用意しておくことも大切です。

Q 17 個人情報保護

★★★

質問 個人情報保護に関する法令や条例の流れについて、知っている範囲でお答えください。

回答 はい。住民基本台帳ネットワークシステムの導入に向けて住民基本台帳法を改正した際に、民間部門を含めて個人情報を保護する法的な整備が必要であるとの認識が広まり、2003年個人情報保護法が成立しました。その後、多くの自治体でも、個人情報保護条例が制定されており、個人情報の大切さへの認識は定着し、情報漏洩の対策などもなされております。

質問 民間においても個人情報の取り扱いは厳しくなされているのでしょうか。

回答 個人情報保護法が、2005年から全面的に施行され、個人情報を扱う民間事業者もこの法律に適合することが求められております。民間部門における個人情報の取り扱いに関しては、インターネットをはじめとしたネットワーク技術の進歩によりコンピュータ上で大量処理されており、一度のミスで大量の個人情報が流出することにつながるため、その情報の保護が強く求められております。1998年からプライバシーマーク制度という仕組みもできました。事業者が個人情報の取り扱いを適切に行う体制を整備していることを認定し、その証としてプライバシーマークの使用を認めるとするものです。当市においても、情報システムのプロポーザルへの参加に際して、プライバシーマークを取得しているか提示させております。

質問 個人情報の流出はあってはならないことです。まして、職員の意識が問題であるならば、管理職として取り組む必要があると思いますが、いかがでしょうか。

回答 はい。私が管理職であれば、まず記憶媒体の使用方法やインターネットの使用方法を定めることによって、職員にやってはいけないことを明確に意識させます。さらに、システムの管理者を定めて、定期的にシステムなどの使用状況をチェックさせることによって、監視体制を整えます。こうした対応によって、職員に、持続的に個人情報の管理の必要性を意識させるようにします。

個人情報保護　35

> **回答のPoint**　個人情報の漏洩イコール住民の信頼を失うことである。未然防止策の徹底を表現すること。

質問　外部委託先企業の社員が、外部に持ち出した際の盗難や、USBに記録した個人情報を自宅に持ち帰り作業をしたため、ウイルス感染に気づかず、再び市役所に持ち込んだ際にウイルス感染したというような事例があります。職員以外の管理も必要でしょうか。

回答　自治体は、システム構築などをアウトソーシングして製作することも多くなっています。各自治体とも「情報セキュリティポリシー」を策定していることと思います。そのような仕組みを作っても、個人情報の漏洩事件の多くは技術的なものではなく、運用面での瑕疵によるものが大多数です。そこで、特に外部委託、さらには再委託先までをも管理することが求められています。

質問　具体的にはどのように管理するのですか。

回答　まず、個人情報保護条例の中で職員だけでなく委託先、再委託先に関する事項も明確にしておくことです。次に、漏洩した場合の罰則では不十分であるため、契約上に問題発生時のペナルティを課す条項を入れておくことも効果的かと思います。さらに、委託先、再委託先のエンジニアに対する研修や、事故発生時の対応マニュアルの提示を求めることも効果があると思います。このようないくつかの方法を組み合わせ、委託先、再委託先の社員や外部エンジニアについても、管理しなければなりません。

面接官の視点

個人情報保護の管理は、「情報セキュリティポリシー」などでの意識付け、技術面での情報漏洩の防止、さらには、運用面の徹底。と3つを結集して努める必要があります。普段の就業後に職員の机の上はどうなっていますか。フロッピーディスクやUSBがそのまま放置されていることはないと思いますが、個人情報の書かれている書類が無造作に積まれているようなことはありませんか。管理者として、いかに普段から情報管理を徹底させるかが問われます。

Q 18 ネット社会

★

質問 ネット社会といわれておりますが、どのような社会を指しますか。

回答 高度情報通信ネットワーク社会形成基本法という法律では、「高度情報通信ネットワーク社会とは、インターネットその他の高度情報通信、ネットワークを通じて自由かつ安全に多様な情報又は知識を世界的規模で入手し、共有し、又は発信することにより、あらゆる分野における創造的かつ活力ある発展が可能となる社会をいう。」と定義されています。

質問 あなた自身のことばで定義するとどうなりますか。

回答 はい。インターネットを利用するなどして、高度な情報通信方法により、様々なサービスが展開できる社会だと思います。

質問 ネット社会の特徴としてどのようなことが挙げられますか。

回答 インターネットの普及により、手軽に情報を得たり、メールによる通信、ブログ、さらにツイッターへの書込みやネットショッピングなど様々な使われ方をしています。利用の幅も広がり大変便利なツールですが、一方では、個人情報の漏えい、悪質なメールの書き込みがされる他、ネット依存などの社会現象も起きています。功罪はあるものの、インターネット社会はさらに進化し続けると思います。インターネットを上手に利用することと共に危険な面を防ぐことも忘れてはなりません。

質問 自治体でも、インターネットを利用したサービスを取り入れていますが、各自治体でどのようなサービスに取り組んでいるかご存知ですか。

回答 はい。各地方自治体とも、電子自治体を目指してインターネットを活用して市民サービスの向上に努めています。従前からの取り組みとしてよく紹介されるものに、電子申請、電子入札や公共施設の予約などがあります。その他にも、住基カードを利用して、コンビニエンスストアで住民票や印鑑証明が取れるシステムを導入したり、図書館の利用カードなどと併用して、自宅から本の予約ができるサービスを取り入れている自治体もあります。

> **回答のPoint** 便利さだけでなくネット社会の危うさを意識した回答に。

質問 それでは逆にインターネットのトラブルについてもご説明ください。
回答 個人レベルでのトラブルの例としては、誹謗中傷するネットの書き込み、ネットショッピングでの粗悪品の売買、ネットによる青少年の誘い出しによる性的被害などの例があります。また、自治体として注意しなければならないトラブルとして、ウイルスの侵入による行政システムへの攻撃や個人情報の漏えいなどです。

質問 個人情報の漏えいが起こらないようにわが市で取り組んでいる対策についてお答えください。
回答 対策は、大きく2つあると思います。1つ目ですが、わが市のインターネットへの接続環境ですが、職員同士が使用する内部連絡用の職員ポータルとはつながっていますが、住民記録や税システムなど市民サービスのための業務システムとはつながっていません。万が一、インターネットを通じて外部からウイルス感染が起っても市民サービスに影響を与えてはならないので、そのようなシステム構成となっていると聞いています。次に、職員向けに情報セキュリティポリシーを定めていることです。そのポリシーに合わせて、各課でセキュリティの実施手順を定めて実践しています。例えば、私が使用するパソコンでは、半年ごとに個人のパスワードを変更しています。また、部外者が執務スペースで個人情報を覗けないよう機器類の配置を工夫すること、会議などで長時間離席するときには必ずパソコンの電源を落とすことなども実践しています。これらの例も、実施手順に明記されております。

面接官の視点

自治体の実務でも、情報収集したり、外部機関と連絡をとる手段として、インターネットは日常的に使われています。ただ、**電子自治体への取り組みには各自治体で温度差があるようです。自分の自治体では電子自治体化がどこまで進められているか調べておいてください。**ネット社会というような内容の場合には、地域社会への影響と自治体としての取り組みの双方からの回答が求められてきます。

Q 19 自治体経営

★★

質問 NPM、ニュー・パブリック・マネジメントについて知っていますか。知っていれば、その概要をお答えください。

回答 ニュー・パブリック・マネジメントとは、「新行政管理」、「新行政経営」などと訳され、民間企業における経営手法を行政管理に取り入れ、効率化や顧客満足度を高めていく手法です。イギリスのサッチャー政権やアメリカのレーガン政権下で採用されたものです。いずれも財政赤字を減らし、小さな政府を目指すものでした。手法の特徴は、業績評価を行い、市場経済のメカニズムに任せられるものは民間に移行していこうとするものです。イギリスでは、税金を支払った市民に最大の満足を与えることを目指すことを、VFM（バリュー・フォー・マネー）と表現しております。

質問 日本での導入はどのようなものだったのでしょうか。

回答 三重県の北川元知事が、「事務事業評価システム」を導入し、マトリックス予算を組んで、行政改革に取り組んだというような例、福岡市でベストプラクティスやTQMの考えを取り入れた「DNA」という業務改革運動の例などが有名かと思います。また、自治体が、民間企業の資金を活用して公共施設を整備する「PFI（プライベート・ファイナンス・イニシアチブ）」の仕組みや、自治法で制限されていた公共施設の管理運営を民間企業へも参入できるようにした「指定管理者制度」、さらに「市場化テスト」などの企業が参画できる手法が開発されてきました。

質問 各自治体とも民間委託や定数削減に取り組み、削れるところはかなり削って来ているのではないでしょうか。

回答 確かに、多くの業務で見直しを図り、事業のスリム化やアウトソーシングに取り組んでまいりました。その結果人件費の削減など一定の効果は出たと思います。ただ、既に日本は、少子高齢社会に突入し、働き手が減ってくるため今後税収が大幅に増えることは想定しにくい社会となります。そのような中にあって将来の準備をしておく必要もあります。2005年12月に閣議決定された「公共サービス改革基本方針」の一部改定がなされ、自治体の窓口関連事務を

> **回答のPoint** 管理者は経営者としての意識を。

民間事業者に委託できる範囲が大幅に増えました。それを受けて今後地方自治体側でもさらに民間委託をしてくるものと思います。

質問 それでは、わが市の経営のあり方について、現状をどのように捉えていますか。
回答 はい。指定管理者制度は広く普及してきていると思います。指定管理者制度は、公共サービスの水準を確保するために最も適切なサービス提供者を指定することが目的であり、単に価格で決めるものではありません。その点で、民間のノウハウや経営手法によって期待された効果が、出せているかどうかを十分に検証していかなければならないと考えます。

質問 経営という観点で管理監督者として自治体を見る場合のあなたのお考えをお聞かせください。
回答 適正なコストで最適なサービスをいかに提供していくことができるかを考えていくことです。そのためには、任用形態の多様化に合わせて、適材者の獲得、人材育成というヒトの課題、行政の持っている様々な資源をいかに有効に活用するかというモノの課題、そしてコストです。この3つの点を常に考えて行動したいと思います。

面接官の視点

地方分権が進み、自治体は自ら選択した施策に対し、その判断や結果に対して大きな責任が求められます。経営は、ヒト、モノ、カネをいかにマネジメントして利益を生み出していくかが問われます。自治体の経営は、ヒト、モノ、カネをいかにマネジメントして、最少の費用で最大の効用を生み出し、住民の満足を高めることができるかだと思います。そのような視点への意識をしっかりと持っているのか、上辺だけのコスト意識なのかが問われます。

Q 20 格差社会

★

質問 格差社会という言葉をご存知ですか。ご存知であれば、あなたはこの言葉をどのように捉えていますか。

回答 はい。かつて日本の社会は一億総中流階級と言われたように、所得格差の少ない社会と言われていました。しかし、正規雇用の絞り込みや業績・成果主義的な賃金・処遇制度の広がりが始まった頃から、賃金・所得の格差が拡大し始め、その頃から、格差社会という言葉が使われるようになったと認識しています。

質問 格差社会は、実際にはどのような現象に表れていますか。

回答 はい。現実には、大卒の求人数が大幅に減ったことにより、大学を卒業しても就職できない若者が増え、それを反映して、正規雇用者が190万人減り、非正規雇用者が330万人に増えたと言われています。また、ニートといった言葉も生まれ、親をあてにしながら生活する若者も増えています。
　一方では、ヒルズ族と言われるように、投資で巨額の利益を得る若者もいて、格差が広がってきていると思います。

質問 では、自治体としてどのような視点から、この現象に取り組まなければならないと考えますか。

回答 現在の年金制度の下では、就労が不安定な若者が将来的に生活保護の受給対象者になる可能性があります。自治体では、福祉事務所が生活保護の事務を行っています。自治体として、若者が将来的に生活保護を求めなくても良いように就労支援を充実させる必要があります。また現在の生活保護の適正な運営を図るために、制度本来の目的である、自立した生活を目指して取り組んでいかなければならないと考えます。

質問 では、わが市の生活保護受給者の数はご存知ですか。

回答 はい。約1,000世帯、わが市の世帯数に対して1％を超えています。

質問 先程、生活保護制度の適正な運営とおっしゃっていましたが、どのよう

> **回答のPoint**　日本社会の構造が大きく変わりつつある。その変化をしっかり捉えた答えが大切。

な意味ですか。

回答　まず、生活保護の受給は、憲法に定められた生存権の保障ですので、要件を満たす世帯は受給する権利があります。その上で、生活保護制度は、自立した生活を営むために、その世帯が持っている能力を十分に発揮していただくことが前提となっています。例えば、少しでも就労する能力と意欲があれば、それを生かして就労に結びつくように支援していかなければなりません。

そのためには、福祉事務所とハローワークが協力して情報交換し、企業の面接の機会を増やしたり、職業訓練施設と連携して就労のための技術を身につけてもらうなどの連携を行っていく必要があると思います。私が担当の管理職であれば、そうした他の機関の活用を図っていきたいと思います。

質問　そうした就労の取り組みや適正な受給のための調査などによって、生活保護受給世帯は減っていくと思いますか。

回答　本格的な高齢社会を迎え、さらに昨今の経済情勢や雇用情勢、あるいは年金制度と生活保護制度の関係などを考えますと、自治体の努力だけでは限界があり、受給世帯は今後も増えていくのではないかと思います。

私は、財政上の問題を視野に入れつつ、人が人として生きる権利を保障し、自立した生活を営むことができるように力を尽くしていきたいと思います。

面接官の視点

> 生活保護受給世帯の急増が話題になっています。憲法に基づき実施されている事務であり、現実的に自治体が関与していける部分は限られています。そうした中で、生活保護の目的である「自立」を促しながら、自治体財政に寄与していくことには難しさがります。
>
> 必要な方には制度を活用していただき、一方で経済的にも自立した生活取り戻していただくために、管理職として知恵を絞り、工夫して取り組んでいく姿勢を示すことが求められます。

Q 21 地方分権の流れ

★★

質問 2006年12月に地方分権改革推進法が成立しましたが、この法律の基本理念について、お答え下さい。

回答 地方分権改革の推進は、個性豊かで活力に満ちた地域社会の実現を図ることを基本として、国および地方公共団体が分担すべき役割を明確にすること、地方公共団体の自主性及び自立性を高めることで、地方公共団体が自らの判断と責任において行政を運営することを意図しています。

質問 地方分権改革推進法の概要について、もう少し詳しくお答えください。

回答 はい。地方分権改革推進法は、2007年4月から施行され、3年間の時限立法です。地方分権改革推進委員会が内閣府に設置され、委員会は委員7人をもって組織されます。委員会は地方分権改革推進計画作成のための具体的な指針を勧告することになっています。

質問 2008年から4次にわたって地方分権推進委員会の勧告が出されていますが、その内容はご存知ですか。

回答 はい。第1次勧告では、主に国と地方の役割分担について勧告があり、住民に身近な行政は地方で担うという観点から見直しが検討されました。また、64件の法律の359件の事務権限を都道府県から市町村に移譲するといった内容も含まれています。第2次勧告では、自治事務のうち国の法令によって義務付けや枠づけされていて、条例で自主的に定める余地を認めていないものについての見直しと、国の出先機関の見直しを行いました。

第3次勧告では、引き続き義務付け・枠づけの見直しを行ったほか、国と地方の協議の場の法制化を勧告しました。さらに、第4次勧告では自治財政権の強化による地方政府の実現を勧告しました。主には、以上のとおりです。

質問 そうした勧告を受けて、関連する法律の整備が行われていますが、その内容についてもご存知ですか。

回答 はい。2011年に、地方の自主性及び自立性を高めるための改革の推進を図るための関係法律の整備に関する法律が成立しました。このいわゆる第1次

> **回答のPoint** 地方分権改革推進法の内容について整理を。

一括法では、主に義務付け・枠付けの見直しと条例制定権の拡大を図るため41の法律が見直されました。第2次一括法では、基礎自治体への権限移譲に関しては47の法律、義務付け・枠付けの見直しと、条例制定権の拡大として16の法律が見直されました。

また、地方公共団体の組織及び運営について、自由度の拡大を図るため地方自治法が改正され、議員定数の法定上限の撤廃や法定受託事務についても政令で除くもの以外は、条例で議会の議決事件として定めることができるようになりました。

質問 このように権限が拡充されたことについて、あなたはどのようにお考えですか。

回答 はい。児童福祉施設の設備や運営等が条例に委任されたことや、義務付け・枠付けの廃止を始めとした見直しが行われたことで、わが市の実態に合った整備が、主体的にできるようになりました。このことは、まさに地方政府として、住民の福祉のために力を尽くしていく条件が整いはじめたといえます。

しかし、第4次勧告で指摘された自治財源の強化という点では、まだ具体的な改善が進んでいないように思います。財政的な裏付けがないと、実際に施策や事業を推進することができません。一管理職としては限られた財源の中で、拡充された権限を最大限活用しながら住民福祉の向上を図ってまいる覚悟ですが、財政権の拡充については、常に関心をはらってまいりたいと思います。

面接官の視点

絶えず国や政治における地方分権改革の動向に注意を払っておく必要があります。地方分権改革の大きな流れについて把握し、管理職としての考え方を整理してください。地方分権改革のめざすところは、個性豊かで活力に満ちた地域社会の実現です。熱意が感じられるような回答が求められます。

Q22 ファシリティマネジメント

★

質問 ファシリティマネジメントとは何かを説明してください。

回答 ファシリティマネジメントとは、経営管理手法の1つで、施設、設備を始めとする財産を経営資源と捉え、経営的視点に基づき、総合的・長期的観点からコストと便益の最適化を図り、財産を戦略的かつ適正に管理・活用していくことをいいます。

質問 「コストと便益の最適化を図り、財産を戦略的かつ適正に管理・活用していく」と回答されましたが、ファシリティマネジメントをどのように活用していくのですか。

回答 まず、施設は、行政目的に合わせて事業に使われる資産です。新築された建物は、一定の期間が経過すれば、施設の資産としての価値は相対的に減じていきます。同時に、事業目的が達成されたかどうかを検証する中で、引き続き使用するか、目的が達成された場合には、施設も従前の事業には使わなくなりますので、転用や売却という選択も出てきます。このように、事業と施設との関係性を確認しながら、施設としての価値をできるだけ維持し、行政需要の有無により他への転用や売却等価値に沿ったマネジメントをしていく必要があります。

質問 ファシリティマネジメントの取り組みの方策について説明してください。

回答 はい。ファシリティマネジメントの取り組み方策については、大きく2つあると思います。1つは、一般的に施設は、企画構想段階から始まり、設計、建設、運用、そして解体・廃棄という過程を経て施設の生涯を終えることになります。これらの各段階に要するコストつまりライフサイクルコストを縮減することです。2つ目は、経営資源としての財産の新たな利活用を進めることです。

質問 それでは、公共施設にはどのような問題があると考えていますか。

回答 私は、公共施設の問題点は3つあると考えています。1つは、財政上の

> **回答のPoint** ファシリティマネジメントは、個別最適から全体最適の視点で。

問題です。歳入が増えない厳しい財政事情の中、多くの施設を抱え、維持管理コストをいかに低減するかです。2つ目は、品質の点です。多くの施設で老朽化が進む中、安全性を保つため耐震補強を進めるなどの取り組みをしてきましたが、環境への配慮なども含め施設そのもの品質をいかに維持するかも課題です。3つ目は、人口減少社会、少子化などにより、行政ニーズと施設とのアンバランスが生じてくる点です。

質問 いずれの問題も大きな問題ですが、ファシリティマネジメントを導入することで、コストはどのように抑えていくことができますか。
回答 現在、市では施設管理システムを持っており、施設のデータを一元化しています。ファシリティマネジメントにより、施設のライフサイクルの中で一番コストを要するのは、新築や建て替えです。よって、施設の長寿命化を図ることがポイントとなります。そのためには、データに基づいて全体最適の視点でのメンテナンスを行い、コストが一時期に突出しないように修繕の優先度や時期の平準化を図ります。同時に、不要と判断された施設、資産については売却により施設の縮減を図り全体のコストについても抑えていきます。

質問 ファシリティマネジメントを成功させるカギは何ですか。
回答 まず、全組織を挙げてファシリティマネジメントに取り組む体制を作ることです。その上で、施設を全体として包括的・総合的に管理することです。さらに、そのためには、全ての施設をデータベース化し、施設の状況を正確に把握すること。この3点は必須項目かと思います。

面接官の視点

ファシリティマネジメントということばになじみがなかったかもしれませんが、**施設管理は従前から行われています。所管部は自分の管理する施設のことだけを考えますので、個別最適になりがちです。全施設を横串にして統括的に管理できる部署が必要となります。長期的な視点で施設管理を自治体経営の視点で捉えること**が最適化につながっていきます。

Q 23 指定管理者

★★★

質問 指定管理者制度の概要についてお答えください。

回答 公の施設の管理については、自治体の出資団体等限られた団体に委託できるという規定でした。2003年に地方自治法が改正され、施設の設置目的を効果的に達成することができるように、指定管理者制度が導入され、株式会社をはじめとする民間事業者まで委託先を広げることができるようになりました。また、手続きにおいては、指定管理者となる法人、その委託期間などについて議会の承認が必要となりました。

質問 公の施設であれば全て指定管理者制度により委託できるのですか。

回答 一般的な体育館、博物館、美術館、図書館や公園など、多くの施設で指定管理者の導入が可能となりました。道路や河川などについては、対象となっていません。従前の業務委託を行っている範囲が対象で、道路占有許可など行政判断を伴う事務は範囲外です。

質問 指定管理者制度もだいぶ定着してきていると思いますが、どのような選定手続きを経て事業者を決定していますか。

回答 指定管理者制度も2期目、3期目と進むにあたって、自治体側もどのような法人に管理を任せたらよいのか、そのための選定に関するノウハウも積み上がってきました。現在は、プロポーザル等の手法よる手続きを経て事業者を決定している例が多くなっています。プロポーザル方式は、施設の設置目的に沿って運営の方法、サービス水準の維持・向上、集客の工夫、住民参加、管理コストなどの提案項目を示し、応募事業者に提案書を出してもらいます。それぞれの項目を点数化して評価し、最適な法人を選定します。

質問 指定管理者制度について、あなたが問題点と考えることはありますか。

回答 はい。指定管理者制度を初めて導入する際には、サービス水準の統一化や従前のサービス水準の維持を重視するため仕様を詳細に定める傾向がありました。そのため、業務に自由度がなく、民間事業者としての利点が生かせなかった反省があります。民間事業者にも公の施設の管理について、ノウハウも

> **回答のPoint** 指定管理においてもサービスの質の向上を重視する。

蓄積されてきておりますので、仕様に自由度を持たせることやインセンティブなどにより、指定管理に民間事業者としての発想やサービスの工夫などを引き出していきたいと考えます。

質問 次に、いったん指定管理者が選定されると、指定期間中は自治体のコントロールが効かないのではないかと危惧していますが、いかがですか。
回答 指定管理期間中は責任を持って施設の維持管理をお願いすることになりますが、施設そのものの瑕疵や、運営の最終責任は自治体にあります。そのために、毎年指定管理者からは業務計画と実施報告を提出させています。また、最近は、モニタリングの充実を図っています。事業報告書の他にも、利用者アンケート、苦情の実態なども含めて提示させ、運営上特段の問題が生じていないかを確認しています。他の自治体では、専門家を派遣し経営や財務のチェックをさせたり、指定管理者による自己評価とその公表など、自治体としてのコントロールを行っているところです。

質問 指定管理者制度によりコスト削減は図られましたか。
回答 選定時にはコストについても評価対象となっています。指定管理により効率化することでコスト削減についても一定の効果はあると思います。市民サービスの向上、専門職員の配置、モチベーションの維持などを考えれば、ことさらにコスト削減を求めることは避けたいと思います。施設管理は人件費の占める割合が高いので、その点を求めすぎると、良い人材が得られず、結果としてサービスの低下にもつながりかねないと思います。

面接官の視点

指定管理者制度の定着に伴い、問題点や課題も変化してきました。現在では、選定にあたっては透明性の確保や説明責任という点が重視されております。運営では、直営か指定管理者かといった経営形態の選択に関わらず、地域の事情に合わせたサービス水準の維持・向上に努めなければなりません。コストの考え方に関しては、自治体ごとに相違がある点かと思われます。

Q 24 シティセールス

★

質問 シティセールスの意味をお答えください。

回答 市の将来像を安定的、持続的に具現化するために必要となる様々な資源の獲得を目的として、市の有する魅力を国内外に示し、伝える活動で、シティプロモーションや都市ブランドと表現されることもあります。

質問 シティセールスの目的を様々な資源の獲得とお答えになりましたが、もう少し具体的に説明してください。

回答 シティセールスの目的は、自治体により異なります。その自治体が何を目指すのかによります。国内外の観光客が増えることが市の産業にとって最も良いと判断すれば、観光都市を目指すことになります。そのための資源としては、多くの和風旅館があることやホスピタリティ溢れたおもてなしの心などが挙げられます。また、市民にいつまでも住み続けてもらうことや市の魅力をアピールすることで市民を増やし、安定的な市の経営をしていこうとすれば、自治体への帰属意識を高めることが目的となります。そのための資源は、緑の多い住宅地や落ち着いた街並み、それを担保する地区計画制度などです。

質問 シティセールスとは、市をPRすることと同義ですか。

回答 PRすることは、シティセールスを進める上での重要な要素です。市を運営していく上での指針は、基本計画です。その基本計画を着実に推進するために必要となる資源を獲得していかなければなりません。そのために市の有する魅力を国内外に示し、PRを含めて広く伝える活動のこと全体をいいます。

質問 当市のシティセールスの特徴を具体的に説明してください。

回答 はい。わが市では、豊かな緑と都市のエンジンとなる工業集積があります。将来的にも、その豊かな緑を守りつつ、工業を発展させることで、商業や、サービス業も共に発展させていきたいと考えています。工業の中では、環境産業分野に力を入れており、国内外から、環境先進地域というイメージも勝ち得たいと思っています。その点でシティセールスが有効で、環境に関する会議を誘致したり、環境分野の企業立地を図ることなどもできていくと思ってい

> **回答のPoint** シティセールスの根本は、どのようなまちをつくるかを明確にすること。

ます。

質問 シティセールスの方法についてお答えください。
回答 シティセールスの方法は、市の目指す方向に合わせた戦略づくり、ＰＲ、イベント開催などが中心となりますが、自治体だけが担うものではなく、企業、市民、ＮＰＯなど多くが協働して行うものと考えています。また、マスコミとの協力がより大きな効果をもたらします。ただ、マスコミから取材をしてくれることを待っているだけでは効果は得られません。地方都市で、ドラマのロケ地となって一時的に観光客が増えたが、ドラマの終了と共に人も来なくなったという話を良く聞きます。そのようなことのないよう、平素からマスコミとの協力体制をつくり、関係づくりをしていくことが大切です。

質問 シティセールスの方法について、市の組織的な対応についてはどのように考えますか。
回答 シティセールスは、目標に対して内部組織、関係団体共に同じ方向に向けて協力し合ういわゆるベクトル合わせが必要です。特に内部においては、縦割りを横割りにして関係する部課が協力しなければなりません。シティセールスの必要性に対する認識はだいぶ浸透してまいりましたが、今後自治体間競争が進む中で、市が希求する姿を目指し、より一層全ての組織が横断的に取り組む必要があると思います。

面接官の視点

> シティセールスは、いわゆる「お国自慢」に留まるものではありません。観光都市では、様々な広報活動に取り組んでいますが、その根本には、将来どのような地域をつくりたいのか、またそのためにどのような資源を獲得したいのかという点を明確にしなければなりません。そこには、シティセールスをどのように進めていくかという戦略的な方針と手段が必要です。

Q25 多文化共生

★

[質問] 多文化共生とはどのようなことですか、説明してください。

[回答] 在住外国人を同じ地域社会を構成する市民として捉え、外国人も日本人も共に地域社会を支える主体であるという認識に立ち、それぞれの国籍や民族的・文化的な多様性や違いを認め、尊重し合いながら、良きパートナーとして、お互いを支え合い、豊かで安心して暮らしていけるまちをつくる活動のことをいいます。

[質問] 多文化共生と国際交流とは同じ考え方ですか。

[回答] 国際交流は、外国からのお客様を迎え、日本においてよい経験や体験をしていただき本国に帰ってもらうものや、わが市の住民が、相手国で、同じように経験・体験をして相互に交流を深めようとすることです。多文化共生は、外国人を同じ地域社会を構成する住民として捉え、対等の関係を築き、社会参加を促すものですので、その点に大きな違いがあります。

[質問] 在住外国人を支援することですか。

[回答] 在住外国人の支援というとは、多文化共生を進めていく中での一側面で、外国人は支援される対象に留まらず、共に地域社会を支える主体であるという認識に立っております。支援するだけでなく、外国人の方からも同じ市民として、地域の中で活動し、また我々を支援することもあると考えます。

[質問] 外国人と共生していく上での日本人側の問題点は何でしょうか。

[回答] 日本人側の意識の問題が大きいと思います。

[質問] 具体的にはどのような点ですか。

[回答] 意識の問題を具体的に示すと、国により生活習慣、宗教、行動様式などに違いがあります。外国人が日本に住んで、日本人とコミュニケーションがうまく取れなかったり、ゴミ出しなどの社会的なルールを理解できないことがあります。そのことで、日本人が偏見や排他的な感情を持つことです。

多文化共生 51

> **回答のPoint** 多文化共生には、日本人向けと外国人向けの施策が必要。

質問 それでは、外国人と共生していくうえではどのような施策が必要となりますか。
回答 施策には、2つの方向があると考えます。まず、日本人に対する施策と外国人に対する支援策です。日本人に対する施策では、多文化共生の意味を知ってもらい、偏見をなくしていくための広報活動です。また、外国人に対する施策としては、生活全般に対する相談、生活上のサポート、多言語によるコミュニケーション支援などです。

質問 生活上のサポートをさらに具体的にお示しください。
回答 来日して間もない外国人の方は、日本の生活スタイル、ゴミ出しなどの社会的なルールなどを知らないことも多いと思います。また、長く住んでいる方でも、教育、福祉、税金などの分野になれば、理解しにくいことも多いのではないでしょうか。そのように、個々の外国人の状況に応じて支援する必要性があります。

質問 多言語によるコミュニケーション支援との回答がありましたが、自治体としてどこまでの言語に対応すべきですか。
回答 一般的には、英語、中国語、ハングルという3種類が考えられます。ただ、その自治体に実際に住んでいる外国籍の方の実態に即して言語も対応すべきと考えます。しかし、すべての在住外国人の言語に対応することは事実上困難です。少数言語については、NPOやボランティアとの協力体制をつくるなどして対応すべきと考えます。

面接官の視点

多文化共生は、否応なしに国際化する日本の中で、同じ地域社会の一員であるという認識に立った考え方です。行政、市民、NPO、ボランティアなどが協力して多分の共生の地域作りを進めなければなりませんが、何といっても市民と外国人との相互理解がその土台となりますので、その点を意識して質問には答えてください。

Q 26 産業政策

★

質問 わが市の産業の特徴を説明してください。

回答 わが市の産業の特徴は、中小企業、特に製造業の集積に特徴があります。また、多くの商店街がある商業のまちでもあるとともに、歴史ある神社仏閣なども点在しており、伝統行事や文化が地域に残っていることから観光産業も盛んである点が特徴です。

質問 なぜ行政が産業振興を行うのでしょうか。

回答 産業は地域経済のエンジンともいわれており、産業が発展することで、製造品や商品を運搬する物流業務が栄えたり、域内の商業活動も活発となります。産業が興隆することで、まちが活性化し、人口も増えていきます。そのようなまちをつくっていくためにも産業振興が必要となります。

質問 市は、製造業の企業誘致を進めていますが、なぜですか。

回答 製造業は、日本経済を牽引してきた代表的な産業です。製造業が増えることは他の業種への波及効果も高く、とりわけ雇用創出の効果があります。雇用が増えれば、経済も活性化し、市の税収のアップにもつながります。地域経済を好循環させていくためにも製造業の企業誘致を図っております。

質問 市内の中小製造工場の数がだいぶ減ってきました。産業の空洞化が叫ばれていますが、あなたはどう考えますか。

回答 大企業の海外移転に伴い下請け会社も共に移転してしまうケースや、コストダウンのために海外に新天地を求めることで地域の工場などが減っていく現象を産業の空洞化といっています。わが市の場合、高齢の経営者で後継ぎがいない場合に、そのまま廃業するケースなども多く、工場の数が年々減ってきています。そのような背景の中で、空洞化により中小企業同士が地域内で仕事を回す分業構造が機能しなくなったとすれば深刻な問題です。事業継承のための若手の育成や企業誘致などにも取り組まなければなりません。

質問 次に、本市の商業振興における特徴を説明してください。

産業政策　53

> **回答のPoint**　地域産業の発展は豊かな社会づくりの基礎。

回答　商業振興については、主に商店街への支援を行っております。商店街への支援は、大きく2つの方法があり、1つは、装飾灯、商店街の街路整備などのハード支援です。2つ目は、商店街で行う集客のイベントや催事などのソフト支援です。

質問　商店街が抱えている課題をどのように考えていますか。
回答　商店街の抱える問題としては、大きく2つ課題があると思います。1つは、後継者問題です。個人商店の経営者は総じて高齢化し後継者がいないという店が多いことです。後継者がいないと店に手を入れることもなく、古いままという状態となります。2つ目は、業態の変化です。スーパーなどの大型店が出店しているところは、競争に勝てず廃業してしまう店もあります。その後には、コンビニやチェーンの飲食店が入り、商店街の業態が均一化しているという傾向もあります。

質問　商店街が生き残るためには、どうすべきと考えますか。
回答　スーパーに負けないための差別化が必要です。商店街としての独自性のあるサービスを提供することです。対面販売の利点を生かして、食材の調理法のヒントを与えたり、人情味あるサービス、その店でしか買えない逸品の開発、店に行ってみたいと思わせる話題づくりなどです。また、イベントの際の集客をいかに日常的に誘導することができるか。行政としてもそのような観点からの支援に取り組むことも必要と考えます。

面接官の視点

産業政策といっても、その対象は工業、商業、農業、サービス業と広くあります。地域経済を活性化すべくいずれの自治体も産業政策に取り組んでいることと思われます。商業を例にとると、自治体が個々の店にお客さんを連れてくることはできません。それぞれの店や商店街に魅力がないと集客はできません。個店や個別の商店街では環境整備など十分に行き届かないところに行政の出番があると思います。その点を踏まえた回答が必要です。

Q 27 意思決定

★

質問 管理職として、意思決定をするに際し、留意すべき点は何ですか。

回答 管理職の意思決定は、組織目標を達成する上で決定的な影響を与えます。それゆえ、管理職が意思決定するにあたっては、各方面から正確な情報を多く収集し、解決すべき問題点を明確にしなければなりません。そのためには、上司からの指示、命令、助言や部下から現場の状況についての情報を漏れなく収集する必要があります。

質問 収集した情報は、具体的な意思決定にどのように生かすのですか。

回答 収集した情報の中には、目標の達成を後押しする内容、あるいは、目標達成を制約する内容などさまざまです。私はまず、全体の情報を分析、分類することによって、意思決定の根拠を明確にしていきます。次に、意思決定するにあたって、解決すべき問題点を正確に把握した上で、対応策を検討します。

こうして、情報を適切に分析することによって、組織目標の達成に向けた意思決定をしていきます。

質問 いざ判断をするに際し、気をつけなければならないことは、何ですか。

回答 この判断によって、すべての住民が満足するわけではないということを肝に銘じておくことです。言い換えれば、必ずある程度のリスクを負わざるを得ないことを知っておくことです。この決定によって期待していたことを得られない住民も出てきます。そのことに思いを巡らすことができれば、新たな局面での対応も可能となります。

また、上司や部下の意見を取り入れて、より客観的で説得力のある判断でなければなりません。複数の解決案をつくり、最良の解決策を選定する必要があります。また、管理職として、意思決定を放棄し、問題を放置することは、絶対に避けなければなりません。

質問 自己の意思決定を実行に移す手順について、説明してください。

回答 自分の判断を実施の段階へ上げていくために、行動計画をまとめます。そのためには、意思決定の内容を課内係長会で説明し、係長を通してこの意思

> **回答のPoint** 緻密な情勢分析と決断力がリーダーの資質である。

決定の趣旨が職員全体に周知されるようにします。その上で、行動計画案の作成を担当係長に指示し、その案を基にして最終的に課長として行動計画を決定します。

また、係長からの疑問、指摘には丁寧に答え、目標や課題、行動計画の認識を共有化します。上司に対しては、行動計画について報告し、さらに、関係部門に説明することによって協力関係の構築を図ります。

質問 意思決定を行い、行動計画を決定したあとの留意点について、お答えください。

回答 はい。管理職として意思決定をすればそれで終わりではありません。決定したとおり事業がスムーズに進むとは限りません。組織として計画を実施していくうちに、計画とのズレが生じてきます。よって、進行管理を適切に行っていく必要があります。また、遅れが把握されれば、原因を究明し、対応策を施します。そして、最後に評価を行い、次の実施に反映していくようにします。

面接官の視点

回答が抽象的になっており、受験者の考えが面接官に正確に伝わらないおそれがあります。できるだけ、具体例などを挙げて回答するとよいでしょう。この課題では、管理者として意思決定を下すために必要な留意点を把握しているかどうか、課長の役割を理解しているかどうか、そして、判断力の有無を見ています。面接においては、仕事への意欲、チャレンジ精神を出しましょう。

Q28 意思決定の原理

★

質問 H. A. サイモンの意思決定の原理についてお答えください。
回答 意思決定とは、それに先立つ前提条件から、最適な案を選択していくプロセスであり、その前提条件には、主観的な価値観を含む価値前提と、客観的な事実情報としての事実前提があるとしています。

質問 サイモンの意思決定の原理で、意思決定の4つのプロセスをお答えください。
回答 意思決定のプロセスは、①情報活動、②設計活動、③選択活動、④検討活動の4つのステップからなるサイクルだと定義づけています。

質問 それぞれのステップについて、さらに説明してください。
回答 ①情報活動は、意思決定の対象について情報を収集する活動です。②設計活動は、具体的にどのようにすればよいかを複数の案としてまとめる活動です。③選択活動は、複数の代替案を比較評価して特定の案を選択する活動であり、④検討活動は選択肢案を実施した結果について分析・評価していく活動です。

質問 4つのステップの中でどの過程が重要だと考えますか、理由も含めてお答えください。
回答 意思決定は、意思決定すべき対象と何について意思決定するのかを明確化しなければなりません。そのためには、意思決定の対象についてできるだけ多くの情報収集が必要です。背景にある事情、経過、利害関係者の意思など関係する情報を正確に収集することが最も重要と考えます。

質問 複数の代替案を出すとのことですが、全て代替案を出すというのは現実的に可能でしょうか。
回答 その点、サイモンは、代替案が網羅され、その代替案が実行されたときの状況が完全に予測でき、合理的な方法でより比較できる状態のことを『最適化原理』といい、そのように行動する人を経済人と呼びました。現実の経営で

意思決定の原理　57

> **回答のPoint**　H. A. サイモンの意思決定の原理を踏まえ現実の場面に活用する。

は、全ての代替案を見つけることも困難ですし、比較する基準もあいまいです。このような環境で意思決定する人のことを経営人といいました。理想と現実とはギャップがあることも示しています。

質問　現実にあなたが意思決定をする場合、サイモンの原理を参考にどのように意思決定すべきと考えますか。

回答　先ほど申し上げた4つのステップの過程で、①情報活動、②設計活動など、それぞれが十分な状態ではないと思います。現実には限られた時間の中で意思決定を求められることが多く、十分情報収集ができず、また全ての代替案を示せない中での選択となると思います。乏しい情報の中での意思決定はリスクを伴います。それをできるだけ回避するためには、一般的な情報収集の他にも、前任者や同様なケースに経験のある先輩管理職などからもアドバイスをもらい、意思決定をしていきたいと考えます。

質問　現実の業務の中で、意思決定を補佐する立場である場合にあなたはどのように行動していますか。

回答　私の立場では、私自身が意思決定する場合と上司の意思決定を補助する役割があります。特に上司の意思決定を補助する場合には、上司が決定しやすいように、情報収集と複数の代替案を示すことは当然かと思います。特に、他自治体の事例や既に先行している事例とその評価など上司が求めるであろう情報を提供してまいります。また、良い情報だけでなく、批判的な情報も集め、多面的な情報を提供しながら上司の的確な判断が可能となるようサポートしてまいります。

面接官の視点

> H. A. サイモンは、組織論、心理学など広範囲な分野にわたって研究し、ノーベル経済学賞を受賞しているアメリカの経済学者です。理論としての意思決定の原理と現実の対応とを常に意識して回答してください。

Q 29 部下の不祥事防止対策

★

質問 管理職として、部下が不祥事を引き起こすのは、何が原因だと考えますか。

回答 大きな原因として服務規律に対する意識の低下があります。人は、初心を忘れがちです。新人職員として任用された頃は、すべての職員が全体の奉仕者として、住民のために職務に励もうと考えていたと思います。それが、キャリアを積むにつれ、仕事にも慣れ、気がゆるんだ心の隙に、不祥事を引き起こす種が生まれます。

質問 公務員が不祥事を引き起こす影響について、お答えください。

回答 公務員の不祥事に対しては、絶えず住民の厳しい目が注がれています。不祥事がマスコミ等に知れるところとなれば、議会や住民からの非難が起き、今まで築き上げてきた当該自治体の信用が失われ、組織全体に多大な影響を与えることになります。そして、信用を回復するためには、長く厳しい道のりを要することになります。

質問 もしあなたの部下職員が公金横領を行ったことが判明したら、あなたは管理職として、どのような対応をとりますか。

回答 直ちに本人と直接面接し、事実を把握します。そして事実であることが判明したら、上司及び人事当局とも十分相談し、対応策を決定します。

具体的には、本人と面接した際には、そこまでに至った原因を追求し、事件の全容の解明を図ります。本人には過ちを諭し、事件の重大さを理解させ、直ちに横領した金額を返還させます。次に、顛末を上司及び人事当局に報告し、地公法に基づく本人の処分を待つことになります。内容次第では刑事告発も十分あり得ます。

質問 職務上かかわっている業者から、自宅宛にお歳暮が届いたという相談を受けたとします。どう処理しますか。

回答 贈り手が業者であれば、額の多寡にかかわらず、職員に対して送り返すよう指示します。贈る側が、一般儀礼と認識していても、第三者からは、賄賂

部下の不祥事防止対策

> **回答のPoint** 人を観ることが管理職の役割でもある。

と受け取られる場合が想定されるからです。

なお、職員には念のため、受け取れない旨を記した手紙を添え、後々問題が生じるおそれがあれば内容証明つきの郵便で品物を業者に送り返すように指示します。

質問 では、部下が不祥事を引き起こさないようにするために、**管理職としてどのような防止対策をとればよいのか**お答えください。

回答 第1に、公金の取扱い業務であれば適切に職務分担することの重要性について、職員に再認識させ、公金のチェック体制を整えます。たとえば、異動してきたばかりの職員に、現金の管理を全面的に任せないこと、通帳と印鑑を1人の職員に管理させないことなどです。また、公金の受払いは複数の職員がチェックし、さらに、係長がチェックした上で課長に報告させます。組織内のチェック機能が働くようにします。

第2に、服務監察を通して、普段から職員の問題行動の有無について把握するように努めます。兆しがある場合には、直ちに事務分担替えを行うなど、速やかに適切な対応を行います。

第3には、非行防止のための職場内研修に積極的に職員を参加させ、職員の意識に緊張感を与えるようにします。

面接官の視点

公務員の不祥事が、新聞等マスコミで報道されることが多くなっています。公務員の不祥事は、**本人のみならず行政に対する信頼を失わせる**という意味で、自治体全体に大きな影響を及ぼします。よって、その発生防止に管理職は、日常から最大限の注意を払わなければなりません。部下を信頼しないのではなく、不祥事が起きないよう上司、同僚の間でチェックできる体制をつくりあげる必要があります。いざ不祥事が発生すれば、管理者は当然処分されることを覚悟しなければなりません。面接においては、部下を持つ管理職になりきり、いかに不祥事の芽を事前に摘みとるか、具体的な不祥事例を想定して回答するとよいでしょう。

Q30 職員のメンタルヘルス

★

質問 最近、職員のメンタルヘルスがますます重視されてきていますが、この背景について、ご説明いただけますか。

回答 メンタルヘルスは、文字どおり「心の健康」を指す言葉です。私たち自治体を取り巻く環境は、時代の波と共に変化し、住民ニーズが複雑多様化の一途をたどる中、日々の仕事でも難しい対応を迫られることも多くなりました。

また、少数精鋭の厳しい定数管理のもと、1人のこなすべき業務量が増え、心身にかかる負担は増えている状況にあります。

質問 自治体では、ITを駆使した技術の進歩で、事務処理が効率化し、昔より楽に仕事ができる環境になっているのではないでしょうか。

回答 確かに、インターネットをはじめとして、現代はハイテク社会になりました。しかし、いくら技術が進んでも、それを使うのは人間です。現に、こうしたスピーディーな動きについていけず、かえって仕事がうまくいかなくなる職員や、複雑な仕組みに挫折する職員などが出てくるようになっています。

質問 「心の病」は、大きな社会問題になっていますが、国の施策の動向については、何かご存知でしょうか。

回答 国では、厚生労働省が2006年に「労働者の心の健康の保持増進のための指針」(いわゆる「メンタルヘルス指針」) というものを出しています。

この指針は、各事業場において、事業者が講ずるよう努めるべき労働者の心の健康の保持増進のための措置 (メンタルヘルスケア) が適切かつ有効に実施されるよう、その原則的な実施方法を定めたものです。事業者は、「心の健康づくり計画」を策定するとともに、4つのケアを効果的に推進することとされています。

4つのケアとは、①自己による「セルフケア」、②事業場による「ラインによるケア」、③事業場内産業保健スタッフ等によるケア、④事業場外資源によるケア、です。

質問 あなたは管理監督者として、職場でどのような点に留意して、職員のメ

> **回答のPoint**　ピンチな状況下でこそ、組織的な対応が求められる。

ンタルヘルスを進めますか。

回答　まず重要なのは、働きやすい職場環境に配慮することです。快適な空間と円滑な人間環境が、メンタルヘルスを向上させます。

悩みを抱えた職員に対しては、受容の姿勢を示し、いつでも相談に応じられるような体制づくりをしておきます。現実に変調をきたした職員に気づいた場合は、相談から治療その他の適切な対処につなげ、回復を果たせるようサポートしていきます。

そのためには産業医の相談など専門家の助言や指導を受ける必要があります。

それから重要なことは、職員1人ひとりの健康に関する個人情報を、厳正に保護することです。そのためには、取扱いのガイドラインを定めるなど、職場にその旨を徹底させたいと考えます。

質問　「心の病」を抱えた職員のいる職場では、ときには仕事が停滞し、他の職員から苦情が出ることが予測されます。あなたなら、どう対応しますか。

回答　「心の病」は、誰にでも起こり得ることです。仮に、そのような状態の職員が出ても、職場全体でそれを支えるという意識が大事です。もちろん、実務的には、仕事の割振りや進め方の見直しが必要でしょうが、組織として現実を受け止め、対応するという姿勢で乗り切りたいと思います。

面接官の視点

メンタルヘルスケアが適切に実施されている職場は、職員のモラールも高いと思います。通常、面接試験では、人間性善説に立ちますから、今状態がよくない職員でも、ケアや指導により必ずよくなるという答え方をしてください。

また、予防の側面と、実際に起きてしまった後の側面を分けて考えることも必要です。

Q.31 危機管理と管理職

★★

質問 従来、自治体の中でいわれていた「危機」と最近の意味する「危機」の内容の変化についてお答えください。

回答 従来は震災に代表される、住民の生命財産を一瞬のうちに奪ってしまう自然災害の発生を「危機」と考え、災害対策等を危機管理とみなしておりました。しかし、最近では、人や物、情報など世界的な規模で流通するものの危機によって、住民の生活に大きな影響を与える事象、さらには、自治体の内部で発生する事故などにより、住民に不安を与えたり、信頼を失墜させるような事象を広く「危機」と捉えるようになりました。

質問 もうすこし具体的に「危機」について、あなたの考えを述べてください。

回答 まず第1に、地震、大規模な鉄道事故など、通常では予測できない事態が突発的に発生することにより、住民の生命、身体、財産等に被害が及ぶ事態、もしくは住民の不安感が増大した場合です。

　第2に、停電による業務停止や職員の不祥事など、外部からの加害や職員の業務上の過失や違法、不当行為により、住民サービスに影響を与え、行政に対する信頼を著しく損なうような事態が生じた場合です。

質問 行政における危機管理体制づくりについて、お答えください。

回答 危機というべき事態が発生した場合、組織内のそれぞれの部署は役割を明確にして、さらにその役割を全うしなければなりません。大きな被害が予想される場合には、全庁的に危機管理対策を統括する部署をおき、長をトップとした庁内危機管理会議のようなものが設置され、重大な判断が迅速に決定される体制づくりが準備されなければなりません。事故や事件の対応では、指揮者が適切な判断をするために、現場の状況をよく知っておくことが必要です。そのためには、情報が直ちにトップに伝わるような体制をつくりあげることが重要です。また、現場で即断を求められることもあり、一定の権限が委譲された分散型の体制づくりも求められます。

危機管理と管理職

> **回答のPoint** 現場での責任者はあなたである。常に決断できるよう心構えが必要である。

質問 危機管理について、管理職として平常時から行わなければならないことは、何ですか。

回答 非常時に速やかに行動するためには、課内で危機管理マニュアルを検討、整備する必要があると考えます。マニュアルの中で、緊急時の職員間の連絡網、初動態勢づくり、行動基準などを定めておく必要があります。マニュアルは、全職員がすぐ見られるように、普段から見やすい位置におくようにします。そして、少なくとも年1回以上は危機を想定した危機対応訓練を実施し、職員が緊急時の対応を体得するように努めます。

質問 いざ事件や事故が発生した場合、あなたはどう対処しますか。

回答 直ちに庁舎に駆けつけ、対応がとれる体制を作ります。その後は基本的に、平常時に定めておいた危機管理マニュアルに基づいて行動します。正確な情報収集を心がけ、部下に対しては、落ち着いた態度を示し、部下の動揺、不安感の解消に努めます。庶務担係長あるいはそれに準じた職員を連絡員と定め、上司や他部署、場合によっては外部機関との連絡調整にあたらせるようにします。

面接官の視点

危機管理は、行政の最も弱いとされる部分であり、平常時から危機を想定した体制づくり、職員への意識啓発に努める必要があります。机上で方策をつくりあげても、実効性のある内容でなければ意味がありません。事件や事故発生のシュミレーションによる訓練等を反復して行う必要があります。面接においても、受験者が普段から危機管理についてどの程度考えているのか、管理職としてリーダーシップを発揮できるのかが、問われます。また、最近地域社会における安全、安心をおびやかすような事件の発生を受けて、防犯カメラを設置するところが広がっていますが、官民のネットワークをいかに築き上げていくべきか、また個人情報をいかに保護していくかが、課題でしょう。

Q 32 人事戦略

★★

質問 人事というものと戦略とを結びつける意味は何ですか。

回答 かつて2001年に閣議決定された公務員制度改革大綱によれば、これまでの公務員の人事制度の枠組みが見直され、年功主義人事から、能力主義人事へと転換を図ることが明確となりました。さらに、任用形態の多様化、団塊世代の大量退職など、公務労働環境の急速な変化に対応するため、人事についても戦略的に取り組む必要があることが認識されてきたものと思われます。

質問 それでは、人事戦略では、どのような視点が求められますか。

回答 団塊世代の大量退職により、現状のサービスを維持することへの危惧もある中で、更なる住民サービスの多様化・高度化も求められます。単に、退職者分だけ新規採用を補充し、今までどおりの人材育成方法をとるだけでは、十分な対応はできません。そのためには、大きく2つの視点が必要かと思います。1つは、任用形態の多様化に合わせた適材者の獲得です。2つ目が、戦略的に人材育成を行うことです。

質問 それでは、その2つの視点の内容を具体的にお話ください。

回答 まず、任用形態の多様化に合わせて、適材者の獲得ですが、従来は、正規職員と臨時・非常勤職員という区分だけであったものから、再雇用・再任用職員、任期付職員というものが制度化されています。再雇用・再任用制度は、退職者の就労機会の提供という側面も強いわけですが、任期付職員については、民間の高度な専門的知識・経験のある方を任期を限って採用するもので、自治体として短期間に成果を求められる分野や、新規分野で自治体内にノウハウがないという場合に導入されています。たとえば、情報処理、金融政策、観光開発などの分野で、課長級職員を公募するという例が見られます。

次に、戦略的な人材育成ですが、①日常的な育成と②人材の配置管理の課題があります。日常的な育成では、「目標による管理」の手法の導入や計画的なOJT、Off-JTの推進などが考えられます。次に、人材の配置管理として考えられることは、従前、公務労働の守備範囲が広いことからいずれの分野でも通用する人材として、事務系の職員をゼネラリストとして育ててきました。しか

人事戦略　65

> **回答のPoint**　公務労働環境の変化という社会状況を押さえた上での回答を。

し、社会が複雑化し総合職的な人事コースだけではなく、専門的な分野を持つ選任職種制をとる自治体も増えつつあります。また、それに呼応して、新規採用職員を、通常の異動期間より短い期間を設定し、短期間にさまざまな分野を経験させた上で、得意分野を形成させるということなどに取り組む自治体も増えています。さらに、プロ野球のドラフト制度のように、異動対象となる職員をあらかじめ公示し、欲しい職員を自分の課に異動させるというようなやり方を採用している自治体もあります。いずれの自治体でも、職員を適材適所に配置し、少数精鋭での職員体制を志向しているものと思います。

質問　人材確保の方策としては、何か考えがあればお聞かせください。
回答　自治体内部でも様々な職種や仕事内容がありますので一定の人材は保有されていると信じています。ただ、広い目で見れば、これからは、市民、NPO団体など地域の力と協働して施策を進めていくことなくして、成功はないと思っています。その意味から、地域に目を向けると、埋もれた人材や知られていない人材は多数いるはずです。また、団塊の世代で、会社へ貢献してきた方々で、今後は地域に貢献したいと思っている方もおります。そのような人材をコーディネートしていくことで、役所外にも人材確保ができるものと思います。

面接官の視点

人事戦略ということばは聞き慣れないかもしれませんが、「人事の方針」や「職員育成プログラム」などという言い方で、多くの自治体でも取り入れられていることと思います。自治体のビジョンを具現化していくために、求められる職員像があるはずです。まずは、皆さんの自治体で人材に関する方針等の確認をしておいてください。すべて目的が先にあって戦略はとられるものです。

Q.33 問題係長の指導

★

質問 あなたが、新任管理職として配属された職場には、あなたより年上のベテラン係長がいると考えられます。あなたは、その係長と、どのようにつきあっていきますか。

回答 管理職といえども、新しい職場に赴任すれば新人であり、そこにいるベテラン係長は、頼れる存在です。私は次のようにつきあいます。

第1に、係長との相互信頼関係を築き上げるようにします。今までのベテラン係長の仕事への努力を尊重した上で、良い意見は、積極的に取り入れていかなければいけないと考えます。係長と考え方が異なる場合は、自分の意見・考えを述べ相互に良い点を見出すことで、今後管理していく上での参考とします。

第2に、できるだけコミュニケーションをとるように心がけます。適時、報告、連絡、相談を求めて一層の信頼関係を深めます。

質問 あなたの職場の係長は、4月に昇任したばかりの新進気鋭の若手で、大変意欲的です。しかし、独善的なところが強いため、他の係長との折り合いが悪く、係間の連携もうまくいっていません。あなたなら、その係長をどのように指導していきますか。

回答 そのような場合、私は、その係長を別室に呼んで、相手のプライドを尊重して、係長の意欲や良い点を認めつつも、円滑に仕事を進めていくためには良好なコミュニケーションが必要であることを説きます。相手の立場にも配慮しながら仕事を進めていくことが、良い仕事を円滑に、かつ迅速に進めていく方法であることを本人が理解するように指導します。

また、課内の係長会を、定期的に開催するように努め、係長間のコミュニケーションの円滑化を図っていきます。

質問 あなたの職場の係長は、勤続20余年のベテランで、仕事に精通していますが、酒好きで、毎日のように深夜まで飲み、しばしば時間休をとったり、朝酒臭かったりします。あなたは、管理職としてどのように対応しますか。

回答 まず本人に、飲酒問題があることをはっきり指摘します。出勤状況、職務中の状況の客観的事実を把握します。また本人から健康診断の結果を聞くな

問題係長の指導 67

> **回答のPoint** 部下の能力を引き出すことも管理職の役割のひとつである。

どします。その上で他の職員に与える悪影響など、具体的な例を挙げながらいくつか問題が生じていることを本人に伝え、問題を認識させます。さらに、健康管理部門とも相談するよう促したり、アルコール依存症ということであれば専門医療機関へ繋げるなど、対応策を考えます。

質問　あなたの職場の係長が、仕事に精通したベテランの管理係長で、仕切り屋であったとします。異動してきたばかりのあなたに対し事前の相談や事後の報告も怠りがちです。あなたは、どのように係長を指導しますか。

回答　新しい職場の職務知識習得に努めるとともに、率先してベテラン係長の意見を聴いたり、係長会などで課長としての考えを述べて、課の方針を伝えていくようにします。また、包括的に係長にまかせている日常業務を除き、課の方針を決定するなど重要な事項については、課長が判断することが組織の原則であることを係長に説明し、事前に相談するよう指導します。

質問　係長は、最前線組織のリーダーです。あなたは、課の活性化のため、係長の課内配置換えをどのように行いますか。
回答　人事の停滞は、マンネリ化によるモチベーションの低下に限らず、金銭を扱う職場で長期間異動がないと不祥事等を招くこともあります。異動時にポストが指定されている場合は、課内の配置換えは困難です。しかし、可能な場合は、すべての係長にヒアリングを行い、本人の希望、適性、能力を考慮し、配置案を策定する必要があると考えます。

面接官の視点

　この課題の回答については、抽象論ではなく、具体的事例などを挙げ、その対応策について述べることが、面接官に対し説得力を持つでしょう。係長の指導は、管理職の大きな役割のひとつです。係長は、課長と一般職員の中間に位置し、上司の補佐、職員の監督、仕事の管理等、その役割が広範囲にわたっています。課長は、このような係長の役割を必要に応じて、有機的に機能させることにより、組織目標の達成を図っていく必要があります。

Q 34 大量退職時代

★★

質問　大量退職時代というのは、どういう時代背景を指すことなのか、ご説明いただけますか。

回答　日本の人口構造は、その時々の社会情勢で変化しています。第二次世界大戦で、抑制傾向にあった子づくりについても、戦争動員されていた青年層が終戦（1945年）で復員してきたことにより、活発化しました。1947年（昭和22年）〜1949年（昭和24年）の間に生まれた方々は、いわゆる「団塊の世代」と呼ばれ、現在、約800万人という、他の世代にはない一大勢力になっています。

会社の定年が60歳とすれば、団塊1期の1947年生まれの方がすでに2007年で退職を迎えており、以後、しばらくは大量退職が続く状況になります。

質問　こうした状況は、社会にどのような現象をもたらすのでしょうか。

回答　これまで長年にわたり企業や会社で活躍してきたベテランが去るということは、日本の屋台骨を支える人材を一気に失うことにもつながります。日本の経済活動の停滞が懸念されます。逆に、団塊の世代が会社等をリタイアすることで、居住地で過ごす時間が長くなるため、地域社会がこれをどう受け入れるかも課題になります。

また、このことは近い将来、高齢者人口が確実に増大することであり、医療や年金など社会保障制度が機能するのかという問題も起きてくることが予測されます。

一方で、消費に与える影響も甚大ではないかと予測され、団塊の世代をターゲットにした企業の取組みが活発化しています。この層の需要を喚起すれば、ヒット商品が生まれる可能性が高いからです。

質問　大量退職時代を迎えたことが、自治体にどんな影響を与えているか、あなたはどう分析していますか。

回答　団塊の世代の方々は、高度経済成長からバブル経済の崩壊まで、様々な難局を乗り越えてきた先輩方です。当然、経験も豊富で、専門的な知識・技術を有する方も少なくありません。大量退職時代は、こうした自治体の貴重な人

> **回答のPoint** 人は財産なりということを痛感する現象である。

材が去ることで、その穴をどうするかが深刻な問題になっています。

質問 大量退職で多くの職員が去る状況に対し、単に手をこまねいているわけにはいかないと思いますが、あなたなら、どのような対応を図りますか。
回答 大量退職は、職員の数が減るという物理的な要素だけではなく、自治体の財産である仕事のノウハウが途切れてしまう危機にあると認識しています。

　もちろん少数精鋭の定数管理の時代ですから、民間にお任せできる分野は、委託化等を積極的に進めていきます。その一方で、自治体が正規職員として責任を持って行う分野については、後継者を育成し、ノウハウが継承できるよう努めます。そのために、OJTや集合研修を強化したり、マニュアルの整備、指導教官制の導入など、あらゆる方策を用いて、組織力の保持に取り組みます。

質問 定年後も引き続き、その自治体で働いてもらう方が、てっとり早いのではないでしょうか。
回答 もちろん、再雇用、再任用などにより、これまでの経験を生かしていただく場合もあるかと思います。しかし、そうした任用を望むか否かは、その方の人生設計によりますので、自治体が強制すべきものではありません。

　また、人材は適切なスパンで、更新していかないと、組織が活性化していかないことも事実だと思います。こうした点を考えた、長期見通しのある人事管理も、自治体の大きな課題であると考えます。

面接官の視点

> 　大量退職は、時代の必然であり、こういう事態を迎えたことは、以前からわかっていたはずです。ですから、何年も前から先を見据えて、準備をしてきた自治体と、今頃慌てて対策を考える自治体では、大きな差になります。自分の勤める自治体は、どのような方策を講じているのか、調べておくことも必要でしょう。
> 　また、自治体という視点だけではなく、日本全体に与える影響についても、答えられるようにしておきましょう。

Q 35 フォーマルとインフォーマル

★

質問 組織におけるコミュニケーションの重要性について、あなたの考えを述べてください。

回答 コミュニケーションが職場で円滑に行われなければ、職務に必要な情報が伝わらず、職員相互間の理解が進みません。その結果、感情的対立などによる人間関係の悪化を招き、職員の協働意欲が低下し、組織目標達成のために一丸となった組織の活動を阻害することになります。

質問 上司から部下へのコミュニケーションのあり方について留意すべき点は何ですか。

回答 上司は情報の囲い込みをしてはならず、部下が必要と考えられる情報は、原則としてすべて知らせなければならないと考えます。情報を知らされないことによって、部下は疎外感を持ち意欲を失う危険性があります。特にトップや組織の方針などは、部下に積極的に伝え、職務への興味や目的意識を喚起するようにしなければなりません。

質問 部下から上司へのコミュニケーションのあり方について留意すべき点は何ですか。

回答 上司は、部下からの報告によって現状を把握し、方針を決定する基にします。俗に、報告・連絡・相談を略してホウレンソウと言いますが、それらが仕事を進める上で重要です。よって、部下は上司に正確な情報を報告しなければなりません。報告の時期もタイミングを逸したものであってはならないと考えます。もし部下による報告、連絡がないようであれば、管理職から適宜部下に対し報告を求め、報告の習慣を身につけさせます。

質問 インフォーマルコミュニケーションの価値について、あなたの考えを述べてください。

回答 あくまでインフォーマルコミュニケーションは、フォーマルコミュニケーションの不完全性を補足するものです。しかし、インフォーマルコミュニケーションは職場における係員間の連帯意識を高めるのに役立ちます。フォー

> **回答のPoint** 部下の話をきちんと聞けることも管理職の資質である。

マルコミュニケーションが効果的に行われるためにも、インフォーマルな場における情報や意見の交換が必要だと考えます。時には、管理職が部下を指導するに際し、インフォーマルコミュニケーションを活用することも必要です。このことによって、部下が気軽にものがいえる雰囲気づくりに役立つと考えます。

質問 市役所ではパソコンが職員1人に1台ずつ配置されております。すでに各種の事務連絡がメールにより行われています。そのような状況の中で管理者として職場におけるコミュニケーションのあり方について述べてください。

回答 各種の連絡がメールを通して行われるほか、仮想空間で意見を出し合ったり会議ができるなど便利になっています。一方で、メールは特に発信者にとって大変便利なツールであるため、あらゆる業務連絡をメールで通知することや、大量の添付書類を付けて送ってくるなど受け手の事情に配慮していないものも見受けられます。メールのタイトルだけでは重要度の区別がつかないため、本当に必要な連絡や報告が埋もれてしまうことも少なくありません。また、近くにいるのにもかかわらず、メールを送ることで用を済ませたつもりになっている職員もおります。情報量が多い割に、職員間のコミュニケーションが希薄になっているという印象を受けます。私は、フェイスツーフェイスでのコミュニケーションの大切さを今一度説明するとともに、組織内でのメールのルール化も行っていきたいと思います。

面接官の視点

> 管理職は、常に組織内のコミュニケーションが円滑に行われるように配慮しなければなりません。インフォーマルコミュニケーションは、フォーマルコミュニケーションの補完であることを意識しなければなりません。
>
> 面接においては、部下への声掛けや相談に応じながら、よりよいフォーマルコミュニケーションが行われるための環境づくりについて答えてください。

Q36 自己啓発

★

質問 職場に自己啓発意欲に欠ける職員がいたとしたら、その原因は何ですか。

回答 まず考えられるのが、環境の要因として、仕事の内容及び担当職員の構成が固定化し、マンネリ傾向の中で職務に従事していることです。次に、仕事を一生懸命やっても、あるいはやらなくても評価が余り変わらないという職場風土となっていないかです。さらに、職員自身の問題として、仕事の中に自分としての目標ややりがいを見出せず、意欲や情熱を失っていたり、仕事に対して現状維持で事なかれ主義に陥り、問題意識を持って日常業務の見直しをすることがなくなっていることなどが考えられます。

質問 管理職として、部下の自己啓発意欲を引き出すために、どのような方策を講じますか。

回答 はい。第1に、今与えている仕事より少し高度な仕事を与え、自ら考え、調べなければならない状態にします。職員が困難さを感じたときには課長や係長が助言や指導を行うことにより、仕事への前向きな心構えを植え付けます。

第2に、与えられた仕事の意義やそれを取り巻く情報を部下に知らせることにより、仕事への興味や関心を持たせるようにします。

第3に、職員の努力や成果をほめ、正しく評価し、処遇等に反映させていきます。

質問 管理職としての自己啓発はどのようにすればよいと思いますか、お答えください。

回答 日常的なルーチンワークについては、係長と職員にまかせ、管理職は、仕事の大筋と本質の理解に努めなければならないと考えます。そして、組織目標を達成する上で適切に意思決定できるように、国や県などの方針、最近の行政や周辺自治体の動向などについて正確に把握しておきます。

時代の変化が激しい現代社会では、これまで良しとされてきたことが通用しない社会でもあります。日々刻々変化する社会情勢の中で、自らの仕事を捉え直していかなければなりません。

自己啓発 73

> **回答のPoint** 向上心のない人はいないものである。ただ、眠っている人はいるので揺り起こすこと。

質問 管理職が自身の自己啓発を行うにあたり、求められている資質はどのようなものですか。

回答 仕事を取り巻く社会経済情勢が大きく変化する中では、順調に推移していても問題のない仕事などないと、心がけるべきだと考えます。事務事業に要する経費と成果の関係、住民サービスに対する受け手の評価などについて、絶えず考えなければなりません。いかにして最少の経費で最大の効果を上げるか、いかに効率的に質のよいサービスを住民に供給するかということについて、問題意識を持って前向きにチャレンジする精神を持っていたいと思います。組織においてどのポストにいたとしても、公務員として、自己啓発を続けていきたいと考えます。

質問 具体的にあなたは、どのように自己啓発に取り組んでいきますか。

回答 新聞、書籍、テレビ、インターネットなどあらゆる道具を使って情報を入手することに努め、国や県から正式な通知が届いてから準備するのではなく、事前に情報収集を行い、自分としての見通しを立てて準備を進めていきます。また、職務に関係する知識ばかりではなく、一見職務に関係しないようなものでも、住民生活にかかわるものと捉え習得に努めていきます。

面接官の視点

> もちろん自分が受け手となって、絶えず知識や技術を習得しようとする意欲を持ち続けることは大事です。しかし、自分が発信者となって、同僚や部下の自己啓発を手助けすることは、管理職自身の成長にもつながるのではないでしょうか。部下に対しOJTを行うとしても、上司自らが率先垂範して自己啓発に取り組み、その姿を部下に見せることによって、職場に学習するムードを醸成する必要があります。また、今日の社会情勢の中で、管理職が仕事に対してチャレンジ精神を持って取り組んでいくことが求められています。面接においては、受験者の積極性をアピールすることが重要です。

Q37 管理者としてのコスト意識

★★

質問 職員にコスト意識が求められる背景について、述べてください。

回答 経済情勢の低迷に伴う歳入の落ち込み、住民ニーズの多様化、複雑化に伴い、的確で効率的な行財政運営が求められているからです。また、新たに生起する課題に財源を振り向けるには、限られた財源の中で、既存の事務事業について徹底的に見直しを図り、事業の縮小、廃止、執行方法の改善により、経費の節減を図る必要があるからです。

質問 今までの行財政運営の中で、無駄があると思われるのは、どのような点ですか。

回答 第1に、事業のランニングコストについて厳密な検討が十分でなく、結果としてトータルコストが大きくなっているものがあることです。第2に、施設などの利用予測が甘いため、費用対効果のバランスを欠いているものがあることです。第3に、民間でできるものまで、行政が直営で行い、行政の守備範囲が拡大しすぎていることです。

質問 では、管理職としてどのようなコスト意識をもって事務事業の見直しを図りますか。

回答 第1に、ランニングコストの徹底的な見直しを行い、できる限り無駄をなくします。予算算定時には、事業のトータルコストについて、厳密な検討を行い、補助金や受益者負担などの歳入確保を図ります。第2に、職員の知恵を結集して施設などの利用率の向上を図ります。事業については、計画段階から費用対効果の検討を行い、最少の経費により最大の効果を上げられるよう、徹底した経費の節減を図ります。第3に、事業の優先順位を決定し、不要不急の事業の縮小、廃止を図ります。さらに、民間に委託できるものは、民間にゆだねることで、行政のスリム化を推進します。

質問 事務事業の縮小、廃止に伴い、それまでサービスを受けていた住民の反対を受けることもあると考えますが、管理職としてどのように対応しますか。

管理者としてのコスト意識　75

> **回答のPoint**　費用対効果を検証することは施策を進める上での重要なポイントのひとつである。

回答　事務事業を廃止あるいは縮小するにあたっては、行政評価を実施するなど、できるだけ明確な根拠をもって行います。その評価結果を住民に公開することで、事務事業の重要性、必要性の低下について、住民に理解を求めていきます。また、外部監査等の実施により、第三者の目により客観的に評価してもらい、改善の指摘を受けた事業について広い視野から無理、無駄のある事務事業について見直しをいたします。

質問　行政におけるコスト管理のあり方について、あなたの考えがあればお答えください。
回答　事務事業においては、執行に要するすべてのコストが把握されている必要があります。また、事業計画の各段階でコスト削減を意識した精査がなされなければなりません。

たとえば、施設建設のプロジェクトであれば、設計段階で、市場価格を反映させることや、効率的な工法を選択すること、長寿命化に資する設計とすることなどです。入札・契約段階でも適正な発注ロットを設定することや、施工が平準化できるようなスケジュールを組むことです。さらに、将来のライフコスト削減に向け、維持管理方法の適正な執行も必要です。

面接官の視点

事業の執行にあたり、最少の費用による最大の効果を得ることは当然のことです。現実には、デザインにこり過ぎて、維持管理経費が余計にかかってしまう場合などがあります。最近では、コスト削減のほかにも環境への配慮などが必須事項と考えられてきています。1つの組織だけでは達成できないことも多く、関係各課の連携により達成すべきものも多いかと思います。単純な視点として、もし、自分のお金を使う場合なら、どこまで費用をかけるかということも判断材料のひとつです。

Q38 組織の連携を図る課長の調整力

★

質問 組織間の調整が必要とされる理由について、お答えください。

回答 住民の生活上の課題は、役所のタテ割組織の分掌事務の範囲内で収まるものではないと考えます。課題は多面的かつ複合的に発生するため、その解決には役所のタテ割組織を超えた横の連携、さらには関係行政機関、民間事業者等の協力が必要になります。地域には、そのような住民の相談に対応できる窓口の設置や職員の配置が必要になっていると考えます。

質問 組織間の調整を管理職が進めるにあたっての留意点をお答えください。

回答 関係部署を集めた会議等を開催すると、各部署は自衛本能が働き、自分の部署の権限や役割は小さく、他の部署の権限や役割は大きく見えるという意識が参加者に働きがちになることです。その結果、特に、参加者が仕事や経費の負担、そのために職員を担当させなければならないことなどを考えたとき、所属課の利害を主張し、仕事や責任の押し付け合いが起こりますのでその点に留意して調整をすすめる必要があります。

質問 そのような問題が存在する背景は何ですか。

回答 はい。もともと各組織の役割は、大まかに定められていますから、どうしても自分の組織の役割が無原則的に拡大するのを防ぎたいという意識が働きます。また、行政の各組織には、原則として組織上の優劣がなく、対等です。よって、ひとつの課が仕事を行う際には、その指示を出すのは課長ですが、複数の課が協力して仕事を進める場合には、指示系統が不明確になってしまうことが背景にあると考えます。

質問 あなたが管理職として、組織間の調整を行う場合どのようにしますか、お答えください。

回答 まず第1に、事前に調整案を用意します。関係各課に事前の根回しを行い、自らの課が中心的役割を担い、関係各課の役割は、必要最小限にとどめるよう留意し、協力を依頼します。

また、上司の活用を図ります。組織では、肩書きがものをいう場合が多いと

組織の連携を図る課長の調整力

> **回答のPoint** 組織間同士、相互に認めあうことが連携の基本である。

考えられます。会議の場などに部長の出席を求め、部長から各課の協力を依頼する旨の説明をしてもらい、協力関係を築きます。

質問 調整を成功させるために、管理職として最も留意すべき点をあげてください。

回答 本来はそうあるべきではないと思いますが、組織間の調整を進める場合、それを働きかけた部署が、必要な作業の大きな部分を担わざるを得ません。よって、実際に事務をとる職員が意欲的に、粘り強く対応できるように配慮してあげなければなりません。そのためには、問題解決のために課の権限を越えた動きをすることについて、あらかじめ関係他課の課長及び職員の理解と協力を求めることが必要と考えます。また、他課が余計な仕事という意識を持ちがちになることを踏まえ、受け入れられやすい調整案を用意することも重要だと考えます。

面接官の視点

従来の国の省庁編成に沿った地方自治体の組織構成は、効率性という意味ではある程度の意味がありました。しかし、現在の住民ニーズは、そのようなタテ割組織では対応できない問題が多くなっています。複数の部なり課なりが相互に連携し、多方面からアプローチしていくことが求められています。また、そうしなければ解決できない課題が多くなっています。

組織間の連携を進める場合、課長としての調整能力が必要とされます。現実には回答のように簡単にはいきません。面接官は、多くの経験を積んでおり、回答する際には机上の論理を述べるのは避けたほうがよいでしょう。また、管理職として押さえておかなければいけないことは、回答にあるように、調整を働きかけた課が作業の大きな部分を担わざるを得ないことです。そして、そのことを部下に説明し、部下の理解を得て団結して取り組んでいくことです。

Q39 アウトソーシング

★★★

質問 まず、アウトソーシングの意味と背景をお答えください。

回答 はい。民間の持つ専門的な知識やノウハウを有効に活用するため、自治体業務を外部団体に委託することです。バブル崩壊後、自治体業務を見直し、コストの削減、サービス向上、競争力の向上などが叫ばれ、自治体のコアとなる業務を除き効率的な事務執行が望まれていく中で、それを可能にする様々な法改正がなされてきたことがあります。「大きな政府」から「小さな政府」へとの政策転換が背景にあると思います。

質問 アウトソーシングについて、自治体が取り組んできた経過について知っている範囲でお答えください。

回答 1999年にPFI制度※が制定されました。2003年には、地方自治法の改正により、指定管理者制度が導入され、アウトソーシングが進化してまいりました。さらに、2006年にはいわゆる「市場化テスト法」が制定され、自治体側も始めて競争原理にさらされることになりました。従来のアウトソーシングでは、対象業務の選定や仕様の作成などは自治体側の裁量で決められておりましたが、市場化テストでは、その内容を民から提案することも可能になるという画期的な変革がなされました。

※ PFI：Private Finance Initiative 公共施設等の建設、維持管理、運営等民間の資金、経営能力及び技術的能力を活用して行う手法。福祉、医療施設、道路、公園などから、最近では刑務所、庁舎まで対象となっている。

質問 なぜ、自治体がアウトソーシングを考えなければならなくなったのですか。

回答 その要因は、主なものとして3つ考えられます。

1つは、厳しい財政事情です。現在は、景気がある程度良くなっているものの、財政の健全化は常に求められております。

2つ目が、官民の役割の見直しです。肥大化している自治体業務を見直し、サービスの質的向上を目指すことが求められています。

3つ目が、少子高齢社会への対応です。生産年齢の人口割合が減る中で当然

> **回答のPoint** 何のためのアウトソーシングか整理しておく。

税収も増えない状況が続くことになります。自治体として公共サービスのあり方を徹底して見直すことが不可欠です。

質問 自治体がアウトソーシングをするメリットは、やはり経費の削減ということになりますか。

回答 確かにその点は大きな要因かと思います。ただそれだけではなく、外部の専門的な知識・ノウハウにより、自治体職員が運営するよりも住民サービスを向上させることができることも大きいと思います。さらには、官民の役割を明確にし、自治体職員は、本来必要な核となる業務に特化した仕事をすることができるメリットもあると考えています。

質問 アウトソーシングをする際に注意すべき点は何ですか。

回答 官民役割分担と申しましたが、コスト削減を目指して以前からある外郭団体に安易に指定管理を任せている例などもあります。その結果一時的にコスト削減はなされるものの、住民サービスの点では改善がなされていないという例もあります。アウトソーシングすることが住民サービスの向上、業務改革に結びついているのかの検証を行えるような体制作りが必要と考えます。

面接官の視点

> アウトソーシングは、既に多くの自治体で取り組んでいる内容かと思います。以前の業務委託から、指定管理、さらには指定管理内容も拡大されてきています。2007年12月には、「公共サービス改革基本方針」の改定により、住民票や印鑑登録申請に関する業務など窓口業務の大幅な委託も可能となりました。
>
> またPFIで作られた病院の経営が大幅な赤字となる例などもあり、その対応に追われる自治体も出てきています。皆さんの自治体では、アウトソーシングに関して確固たるビジョンを持って行われているかをまず検証してください。わが自治体の目指すべき方向に即して、どの部分を何のためにアウトソーシングするかを答えなければいけません。

Q40 民間活力導入と新たな展開

★

[質問] 自治体における民間活力の導入はかなり進んできましたが、その背景を簡潔に説明してください。

[回答] わが国は明治維新以来、人々の生活に関連した施策や事業は、行政主導で進められてきました。しかし、社会情勢の変化が激しさを増し、人々の価値観、ニーズがますます複雑多様化するようになると、行政のみの力でそれに対処するのは困難になりました。これに対し民間企業は、激烈な市場での競争を経験する中で、さまざまな知恵と技術を身に付けるようになり、そのノウハウを生かすことが、地域行政の大きな課題となったというのが背景であると認識しています。

[質問] 民間活力を導入したことによる成果はどんなところにあるのでしょうか。

[回答] 先ほども申し上げましたが、それまでの行政にはないノウハウを得られたことが一番大きな成果であると思います。また、コストの削減効果もありました。さらにその副次的な効果として、民間の手法を学ぶことにより、職員にコスト感覚が芽生えるなど、意識改革を促進することもできたのではないかと考えます。

[質問] では、逆に民間活力を導入したことによる問題点はありますか。

[回答] 職員の中には、何でも民間に任せてしまえばよいという安易な姿勢がしばしば見られます。たとえば、都市計画部門で、整備計画を策定する際に依頼した民間のコンサルタントにすべて計画作りをさせてしまうケースなどで、自ら考えることを放棄してしまう職員がいる点は問題だと思います。

また、民間活力の導入で、責任の所在が不明確になりがちな点も注意を要します。

[質問] その問題点を克服するためにはどうするべきか、あなたの考え方を述べてください。

[回答] 民間活力の導入は、民間に行政の仕事を丸投げすることとは違います。

> **回答のPoint** 自治体本来の目的、責任をしっかりと確認しておくべきである。

したがいまして、民間の知恵や技術を生かしながら、ともに施策や事業をつくっていくとの意識を職員に啓発することが重要です。さらに、当然のことですが住民から直接付託を受けているのは、民間企業ではありません。すなわち、施策や事業の最終責任は、それぞれの自治体にあるわけですので、この点、改めて認識するとともに責任の所在についても明確にしなければなりません。

質問 導入が進み、定着しつつある民間活力について、今後の展開はいかにあるべきでしょうか。

回答 地方分権の進展で、地域の問題はその地域の力で解決しようという機運が高まる中、各自治体では官民の協働が重要なテーマになっています。わが自治体でもこの機を捉え、民間活力をさらに引き出し、それを住民の暮らしをより豊かにするための「地域の貴重な資源」として共に活動していくべきだと思います。

面接官の視点

この設問は、「総括」と「新たな展開」という2つの切り口で質問される例です。考えをまとめておけば、さほど難しい質疑応答にはならないと思いますが、気をつけなければならないのが、両方のあいだで矛盾することを言わないことです。この事例では、よく答えられていますので、参考にしてください。

ひとつ苦言を呈すれば、質問2つ目に対する回答で、「先ほども申し上げましたが」と言っている点が挙げられます。これでは、「さっき言ったのに聞いていなかったのですか？」、「また同じことを言わせるのですか？」と言っているようで、面接官の心証を悪くしてしまいます。たとえ同じことの繰り返しになっても、余計なことは言わずに淡々と回答してください。

Q41 住民対応（トラブルへの対応）

★★

質問 窓口等における住民とのトラブルは、なぜ生じると考えますか。

回答 多くの場合、職員の当初の対応が住民に対し不快感を与えたり、誤解を与えるような対応をしたために、トラブルが生じると考えます。また、住民に対する説明が不足していたり、住民のニーズを的確に理解しないで、軽率な対応をした場合などにも生じると考えます。

質問 住民との間でトラブルが発生し、住民から直接苦情を受けた場合の対応についてお答えください。

回答 まず、当該の係長、職員から事情聴取を行い、事実関係の確認に努めます。当然のことながら、住民からの訴えについては、十分に聞き、真摯に対応します。その上で、職員の応対等で不手際があったと判断される場合は、率直に住民に謝り、また、原因を把握し、今後同様なことが起きないように改善することを説明し、住民の理解を求めます。

質問 相手側の住民が管理職の謝罪だけでは納得せず、直接職員による謝罪を要求してきた場合、上司としてどう対応しますか。

回答 ケースバイケースだと思いますが、管理職が責任者として謝罪することで基本的にはその場を納めたいと思います。

質問 それでも納得しない場合にはどうしますか。

回答 悩みますが、職員を別室に呼び経過説明をし、職員本人の納得が得られれば共に謝罪することもあると思います。ただし、些細な誤りについて高圧的に謝罪要求をしてくるようなクレーマーであれば、拒否することもあると思います。そのへんは臨機応変な対応を心がけます。

質問 管理職として、係長や職員に対して、住民とのトラブル予防のために指導すべきことは何ですか。

回答 第1に、応対にあたっては相手の話をよく聞くことに努め、一方的な説明をしないことです。

> **回答のPoint** 相手の話を十分に聞き、誠意をもって対応するという基本を忘れないこと。

第2に、曖昧な回答の仕方は避けることです。
第3に、言葉づかいを丁寧にし、はっきりとした口調で話すようにすることです。また、接遇研修等に積極的に参加し、日頃から接遇技術を磨くよう指導します。さらに、職場内で、具体的事例を想定したロールプレイング研修等を実施し、その中で係員の自覚を促していきます。

質問 住民の中には恒常的に行政にクレームを申し出る人がいますが、あなたはこのような住民にどう対応しますか。

回答 恒常的に行政にクレームをいってくる人の場合に、クレームをいうこと自体が目的化している人なのか、行政に対し自分の主義主張に基づいて意見具申をしたい人なのかを見極める必要があります。正論で筋の通ったクレームをいう人で個人的な損得でない方には、特に誠意を示すことが必要となります。いずれにしても、本来業務に支障を来すようになっては困りますので、事前にアポイントを取ってもらい、あらかじめ決めた時間内で対応するというようにするつもりです。また、その人についての情報収集などを事前に行うことで、よりスムーズな対応が可能になると思います。

面接官の視点

窓口をかかえる職場において、住民とのトラブルは避けて通れません。トラブルは、初期対応の不適切さに起因するものが多いと思われます。
 管理職は職員に対し、普段から相手の立場、相手の考え方を推察し、誠意をもって適切に対応することを指導しておく必要があります。そのために管理職は、部下に対し接遇研修などを通して、接遇スキルを向上させる指導が必要です。またトラブルが発生した場合には、速やかな対応をこころがける必要があります。受験者は、係長時代と違って、課長が最終的に対応する立場であることを認識すべきです。部下から持ち込まれたトラブルに管理職がどのように対応するか、部下から見られていることも認識し回答しなければならないでしょう。

Q42 マスコミ対応

★★

質問 パブリシティとは何か、まず説明してください。

回答 はい。パブリシティとは、マスコミを通じて行政情報や地域情報を記事に掲載又は放送してもらえるよう働きかける活動をいいます。いい換えれば、メディアへの情報のPR活動のことです。

質問 パブリシティのメリット、デメリットについて、述べてください。

回答 マスコミを使ったパブリシティについて、まずそのメリットとして挙げられるのが、住民に対し広範囲で迅速な伝達ができることです。受け手が情報に対する高い信頼を寄せること、経費がかからない等のメリットが挙げられます。デメリットとして、送り手の思うとおりの報道がなされるとは限らないこと、あやまった報道がなされると、その訂正が困難であることなどが挙げられます。

質問 それでは**管理職としてのマスコミ対応のあり方について、お答えください。**

回答 マスコミを使ったパブリシティを、行政情報を住民に伝える絶好の機会と捉えて、積極的に対応しなければならないと考えます。マスコミへの対応は、正確な情報提供に努め、管理職自らが行う必要があります。やむを得ず代行者にまかせるときには、提供する情報の内容や範囲を明確に指示し、必ず結果を報告させる必要があります。また、上司への報告も欠かさないようにしなければならないと考えます。

質問 マスコミ対応の中で、行政情報をプレス発表する際に留意すべき点は何ですか。

回答 マスコミを通じた発表は、その影響が大きく、また発表後の訂正は難しいことを念頭に置き、事前の入念なチェック及び発表について関係者の了解を得るべき事項についてはあらかじめ同意を得ておく必要があります。

マスコミ対応　85

> **回答のPoint**　管理職にはメディア対応のトレーニングも必要。

質問　ある事項について、市の広報が発表される前に、新聞の取材申し込みを受けたとしたら、どのように対応しますか。
回答　情報公開制度の整備、住民の知る権利などの観点から、特定のマスコミだけに先行して取材に応じるのは適当ではなく、同時に他のマスコミに情報を提供すべきだと考えます。よって、その新聞社には、公表できる時まで待ってもらうように伝えます。

質問　情報源を明かさないことを条件で取材の申し込みがありました。あなたは、どのように対応しますか。
回答　マスコミにおいては、スクープを得ようと激しい競争が行われております。行政と住民が係争中の問題などをめぐって、あるマスコミの記者が、管理職に対し情報提供を持ちかけてくる場合もあると思われます。そのマスコミに対してだけ、情報が市から提供したものではないようにして記事をだすのに手をかすことは、公平性の面からいっても不適切であると考えます。また、1社が先行して情報を知った場合など、マスコミ各社に平等に記事を流すために、プレス発表の日時を早める対応をする場合もあると考えます。

面接官の視点

　管理職として、パブリシティの今日的意義を認識し、そのメリット、デメリットをきちんと押さえた上で、積極的に活用する旨の回答が求められるところです。マスコミに対する積極的な情報提供は、行政への住民の理解を高めていく上で有効な手段のひとつです。実際には、関係者に了解を得る前に記事が新聞等に載り、行政とその関係者との間がこじれてしまう場合があります。くれぐれも、行政内部の情報をマスコミに流す場合は、適切な時期を見計らって発表する必要があります。一方で、保護すべき住民のプライバシーがないか、事前に内容について精査し、該当する場合は、各自治体で定める個人情報保護条例などに則った慎重な配慮が必要です。

Q 43 接遇での大切なポイント

★★

[質問] 公務員の接遇の向上がいわれ続けているのは、なぜだと思いますか、お答えください。

[回答] はい。確かに、各種住民アンケートを見ても、窓口における公務員の接遇に対する批判がなくなることがありません。住民と行政との信頼関係は、第一線の窓口や電話における住民との応対を良くすることから始まるといっても過言ではありません。一般の住民は、必要に迫られ役所を訪れたり、電話で問い合わせてくるわけです。そこでの職員の応対の良し悪しが、住民の行政に対する考え、印象に大きく影響を与えてしまうため、公務員の接遇の重要性が叫ばれるのだと考えます。

[質問] 住民が職員の応対を受け、気分を害したり、苦情を訴える事例は、どのようなものがあるか、挙げてください。

[回答] 住民が寄せる苦情としては、住民の意思が正確に伝わらず、その結果、用件が的確に処理されないことだと思います。その他にも、いわゆる「たらいまわし」、職員の横柄な態度や長時間待たされるといったこともあります。

[質問] あなたが挙げた先ほどの事例の原因について、お答えください。

[回答] 第1に、職員に公務労働についてもサービス業であることの認識が薄いことだと思います。

第2には、行政組織が肥大化、細分化したため、内部の連絡調整が不十分であること。許認可事務など、役所側の立場が住民より優位になりがちであること。間違わないように、不公平にならないように事務処理に慎重を期すため、あるいは、役所の仕事は、法令、条例、規則などに基づいて行われるため、とかく融通性に欠けることなどによるものと考えます。

[質問] 良い接遇を行うには、どのようなことがポイントだと考えますか。

[回答] 一般的に接遇の基本は、3つのSだといわれます。それは、Sincerity（誠実さ）、Smile（ほほえみ）、Speed（てきぱきした処理）で、このことを常に心がけ、相手（来庁者）の立場になって考え、それを形に表し、相手に正しく

> **回答の Point**　単に「住民のために」でなく「住民の立場」になって考えること。

伝えれば、良い接遇になると考えます。

質問　管理職として、職員の接遇スキルの向上を図るために、職員をどのように指導しますか。
回答　まず職員の接遇について、来庁者のアンケートを実施し、顧客満足度を調査します。その調査において、評価が低かった項目について、職員参加で改善目標および改善計画を策定し、実施します。また、どうしても公務員の接遇訓練については、民間の研修機関の方がノウハウにすぐれ、効果も高いと認められるので、外部機関に委託して職場全体の接遇についてリサーチを受け、調査結果をもとにフィードバック研修を実施します。

質問　あなたが、OJTとして、部下に接遇研修を実施することになれば、部下にどのような指導を行いますか。
回答　まず職員に対しては、全体の奉仕者の立場を認識させ、常に役所の代表者としての自覚をもって接遇を行うよう指導します。また、接遇で重要なことは、意欲や理念だけではなく、日々実践を積み重ね、習慣として身につけることであることを、伝えたいと考えます。

面接官の視点

　役所におけるほとんどのトラブルは、初期対応のまずさに起因していることが多いといえます。窓口で起こりえるケースを想定し、その対応法をマニュアル化しておくことが、苦情やトラブルを未然に防ぐことにもつながります。
　管理者は、職場における接遇改善の先頭に立ち、リーダーとして目標を設定し、職場内研修等を通して、職員の接遇スキルの向上に取り組まなければなりません。面接においては、管理職自らの積極性と、利用者との良好なコミュニケーションを目指すための接遇の向上という視点に立ち、回答するとよいでしょう。

Q44 管理職としての議員対応

★★

質問 課長に昇任すると否応なく、議員からの問合せや相談・申し入れが来るようになりますが、議員に対する対応として、特に気をつけるべき点は、何ですか。

回答 自分の課の分掌事務や他課の業務内容についての問合せはもちろんのこと、具体的な要望や要求に対しては、まず、議員の要望の内容についてきちんと吟味することです。即座に聞き入れることのないように注意する必要があると考えます。次に、法令や制度の運用についても十分に踏まえた上で、慎重な対応を心がけるべきだと考えます。

質問 なぜ議員の要求に対して慎重な対応が必要なのですか、お答えください。

回答 はい。誰からの要望についても同じですが、特に議員は、地域代表として地元の要望という形で申し入れをしてくることがあると思います。とすれば、その要望が地域住民を代表する声であると考えられます。単なる一個人でなく地域の要望となれば慎重に取り扱わざるを得ません。また、議員自身も住民の代表としてプライドもあり、要望した結果につき支持者へ回答をするということも考え、真摯に対応したいと思います。

質問 具体的な議員対応方法について、お答えください。

回答 議員からの問合せや相談等は、電話、直接来庁、議員控え室に呼ばれるなどのケースが考えられます。議員さんと信頼関係を築く意味からも、こちらから提供できる情報は出していくつもりです。また、要望のあった件に関する制度や仕組みを知ってもらうチャンスと捉え丁寧に説明をいたします。さらに、要望事項の内容を正確に把握するため、メモをとり、即答できる簡易な質問以外は、「よく調べてから回答する」旨を伝え、誠意ある対応を心がけたいと考えます。

質問 議員からの要望を係長、職員に伝えるにあたって、留意すべき点はありますか。

> **回答のPoint** 執行機関と議会は車の両輪、誠実な態度で臨むべきである。

回答 係長、職員に対しては、現行の法令・制度上の運用で要望の受け入れが可能なのか、受け入れができない場合、他に代替の方策はないのか検討するよう指示します。また、議員への返事はタイミングを見計らって行う必要があるため、課長への報告期限を明示します。また議員の要望は、住民の依頼や意見に基づいている場合もあり、広範囲の情報収集を指示するようにします。

質問 議員が前例等を持ち出して、あなたに要望の実現を迫ってきた場合、どのように対応しますか。

回答 前例を持ち出してきたとしても、それ自体を特に気にする必要はありません。自分の課の権限を越えていたり、法令・制度等に照らして受け入れ不可能な場合、すでに結論が出ている場合などは、議員に納得してもらうよう毅然とした態度を心がけつつていねいに説明する必要があります。曖昧な態度や軽率に同意することは、後々問題を発生させるだけであると思います。

ただ議員の要望は、議員を介しての地域住民の要望であることも踏まえ、ある程度配慮しなければならない場合もあると考えます。よって制度の変更等について課内で検討する旨伝えるなど、中長期的な対応も必要です。

面接官の視点

議員への対応は、管理職として避けて通れないものです。よく議会と執行機関は、自治体行政の両輪などといわれます。管理職には適切な議会対応、あるいは議員対応が求められます。議員から要望を受けて完了するまで、管理職として誠意をもった対応が必要です。実際の場面では場合によっては、対応の不手際が上司に及んでしまうこともあります。そうなることが予見される場合は、速やかに上司に情報を入れ、対応策について協議しておくことも必要です。面接では、受験者が行政側の事情を全面的に押し出した回答ではなく、議員の立場に配慮した回答ができるか否かも、評価されるでしょう。

Q 45 住民説明会

★★

[質問] 市の新しい事業を進める際には、住民説明会を開催することがあります。住民説明会を行う意義について、どのようにお考えですか。

[回答] 市の施策や事業を着実に、かつ効果的に進めていく上では住民の理解と協力が不可欠です。また、市政の主役である住民に、市政の内容を理解していただくことは行政の責務であると考えます。そのための手段として、住民に直接説明することのできる住民説明会は、有効な方法であると判断します。

[質問] それでは、住民説明会を開催するにあたって、どのような点に気を配りますか。

[回答] はい。住民説明会を行うにあたっては、できるだけ多くの市民に集まっていただくための配慮が必要です。そのために、日程は余裕をもって設定し、広報、ホームページ、チラシや回覧版などを活用して、市民へ早めの周知を図ります。

また、会場については市民が集まりやすい交通が便利で、わかりやすい場所を選びます。時間帯も、平日であれば夜間、できれば土日に設定します。さらに、手話通訳の配置や保育室の手配など、多くの市民が参加しやすい環境を整えます。

[質問] 説明会の進め方などはいかがですか。

[回答] はい。資料はできるだけ分かりやすさに配慮して作成します。説明にあたっても、パワーポイントなどを使って視覚的にも理解しやすいように工夫します。また、説明は簡潔に行い、できるだけ来場者から質問を受けて、答えることによって住民の理解を深めていただくようにします。

[質問] 質問をできるだけ受けるとのことですが、意見についてはどのように対応しますか。

[回答] はい。意見についても発言していただき、できるだけお応えするようにします。賛成、反対の意見を多く出していただくことで、市民の中ではどのように事業が受け止められているのかが分かります。また、反対意見からは、事

> **回答のPoint** 住民と信頼関係が深まる説明会が求められる。

業に修正を加えなければならない個所についても分かってきます。

質問 その意見が市の施策に反対する意見であり、しかも、多くの方から出てきた場合にはどうしますか。

回答 はい。市の施策については、住民の福祉の向上や市の基本計画に基づき実施するもので、その内容も練った上で提示していると考えます。その前提に立って、反対意見についてもその趣旨を十分に受け止めます。ただ、施策がうまく伝わらない場合などについては、粘り強く、その施策の必要性や効果などについて説明していきたいと思います。

質問 粘り強く説明しても、納得してもらえない場合はどうしますか。

回答 納得していただけない理由にもよりますが、反対意見の趣旨を生かした補完措置や代替案を検討し、その施策や事業の趣旨や目的に反しない限りできるだけ取り入れるように努めていきたいと思います。それでも納得されない場合でも、市民の福祉の向上という強い信念をもって進めるべく、対応していきたいと思いますが、実際には大変悩むところであると思います。上司に状況を報告し、相談しながら対応策を練っていきたいと思います。

面接官の視点

現在、様々な計画や事業について住民説明会が行われています。住民説明会は、住民の理解と協力の下に行政を進めていく上で必要不可欠な手続きです。開催にあたっては、住民が参加しやすく、かつ、内容を理解しやすくすることが必要です。自分の自治体にあった形での工夫を提起できると、回答に迫力が出ます。

ただし、説明会と言っても、実際には多くの意見が出されます。住民の理解を得るためには、そうした意見への対応の仕方が重要です。どのように対応すべきか、一律に答えが出せるものではありませんが、十分に意見を聞いて、信頼関係を築きながら説明会を進めていくというスタンスが大切です。

Q46 組合活動

★★★

質問 課長に昇進したら、組合員でなくなりますが、組合（職員団体を含む）とどのように対応しますか、お答えください。

回答 係長時代と頭の切り替えをしっかり行い、立場をわきまえて、職員団体と向かい合っていく必要があると考えます。職員団体についても、労働組合と同様に考えますが、必要以上に対立すべきものではなく、定められたルールのもと、お互いの主張を理解しながらも、立場上、理事者としての方針や考えを述べることになると思います。

質問 昇任したばかりで所属の労使関係について情報がない場合、どのように対応しますか。

回答 まず前任の課長や全体の労使関係を所管する課長、庶務担当係長から、自分の職場の労使関係について情報を収集します。また、職場の実情について、職員にヒアリングを実施するなどして把握に努めます。

質問 職場の分会から話し合いの申し出があった時、どのように対応しますか。

回答 「話し合い」というのは、法律上に定められた公式な交渉や協議ではないことに留意し、申し込まれたから受けなければいけないものではないと考えます。しかし、できるだけ関わらないように放置するような姿勢では、相手側との信頼関係を損ねることにもなるので、自分の準備が整う日時への変更も考えます。また、話し合いの時間は、勤務時間外に設定し、話し合いに参加する人数等も前もって決めておく必要があると考えます。

質問 分会からの申し入れが、自分の権限を超えたものであるとき、あなたはどのように対応しますか。

回答 分会の申し入れは、人員要求から職場環境の改善まで多岐にわたることが考えられ、職場をあずかる管理職として受け入れられるもの、受け入れられないものを冷静に判断し、相手側に伝えます。なお、課題によっては、交渉窓口が別に定められているものがあるので、交渉には入らず、正規の交渉窓口に

> **回答のPoint** 組合対応は管理職の専権事項。ルールに基づき、適切かつ誠実に対応する。

対し申し入れを行うよう伝えるとともに、自分としては、話を聞いたことに留める旨を回答します。

質問 庁舎内に職員団体がビラを貼ることを要求してきた場合、あなたはどのように対応しますか。

回答 最高裁の判例でも、労働組合の施設利用権や使用者の受任義務を否定しています。もし、職員団体がその活動を行うために庁舎を利用する場合は、庁舎管理者の承諾が必要になります。私は、庁舎内に組合のビラなどが貼られていることは、来庁した住民がそれを目にした場合、不快感を持つと考えるため、認めない旨を返事します。

質問 市の方針として、課内の一係の廃止及び所属職員の異動を実施するよう副市長より下命がありました、あなたは課長としてどう対応しますか。

回答 このような組織改正に伴う係の廃止等については、基本的には管理運営事項と考えます。そのため労務担当課とも連携し、管理運営事項以外の問題につき組合との交渉に臨むことになると考えます。また、当該係が分掌していた事務事業は、どこで引き継ぐのか、民間委託を行うのか、市の方針に基づき、スムーズに引継ぎが行われるよう当該係長の協力も得て実施計画を作りあげていきます。さらに、組織改正に伴い異動となる職員についても、本人の意向を確認するなど、十分にヒアリングを行う必要があると考えます。

面接官の視点

　管理職は、地方公務員法や労働基準法など、関係法令を押さえておく必要があります。特に管理者として、組合との関係を十分踏まえて行動する姿勢が求められます。所属長として、職員団体より申入れがあった場合、協議事項の窓口が自分であるのか、他の所管部局であるのかを的確に判断する必要があります。
　また、管理運営事項に関することは、協議の対象にならないことを、改めて職員団体に対して伝えることも必要です。

Q47 服務監察

★

質問 職員の服務監察が必要とされる理由をお答えください。

回答 住民の信頼に応える公正で効率的な行政運営の推進を図るには、職員の服務規律を確保し、職員の非行及び事故を予防することが求められています。服務規律の乱れは、突然起こるのではなく、職員の勤務状況や服務態度等に兆候が現れるようになるため、管理職は日頃から職員に対する服務監察を実施する必要があると考えます。

質問 職員の非行や事故の兆しは、どのような服務規律の乱れとなって現れると思いますか。

回答 部下の問題行動の兆しを把握することは、大変むずかしいことですが、休暇の取得状況、服務態度等に問題行動の兆しが現れてくるようになります。特に、朝、休暇の連絡を入れて休むことを繰り返したり、酒臭いままで出勤することを繰り返すようになったりすることなどの問題行動で現れてくると考えます。

質問 たとえば、休暇の取得状況について、どのような問題行動が出現するのでしょうか。もう少し説明してください。

回答 休暇の申し出は、急病の場合などを除き、事前申請が原則です。当日申請を繰り返したり、年次休暇の繰越日数が極端に少なかったり、あるいは病気休暇の取得を繰り返すなど、欠勤事故につながるおそれがある行動が出現すると考えます。

質問 管理職は、服務監察をどのように活用し、職員の非行や事故を予防していく必要があるか、お答えください。

回答 指導を要する職員については、期間を定め、その間の休暇取得状況、服務規律の乱れを詳しく調査し、慎重に情報を集め、目に見えるところから始め、その背後にある私生活上の問題などにも相談にのるなど有効な指導を行なうことで、事故の予防につなげていく必要があると考えます。

回答のPoint 部下に服務規律違反が起これば必ず管理責任を問われる。

質問 管理職が、人事管理上において心すべき点は、何でしょうか。
回答 管理職は、ただ職員を疑いの目を持って接するのではなく、職員の一人ひとりを信頼し、職員との間にいつでも気楽に会話が交わされるような職場の雰囲気作りに努めることを心がけなければならないと思います。職員が仕事上や私生活上で悩みを抱えたときに、その悩みを自分だけで抱え込まずに、上司や同僚などに気軽に相談できることが重要なことであると考えます。

質問 職員の悩みを受け止められる係長の育成について、お答えください。
回答 職員の抱える悩みは多岐にわたり、さまざまであると思います。課長は、係長会などの場において、うつ病、浪費癖、セクハラ、DV（ドメスティック・バイオレンス）などさまざまな話題について係長に意見を求めるとともに、近年のこれらの問題に対する考え方などを紹介し、意識啓発を図っていくことが大事であると考えます。また、職員の相談を傾聴する姿勢で臨むことを係長に強く働きかけたいと思います。

面接官の視点

課長は、職員の勤務状況、執務態度、職場内の情報などから問題を抱えた職員を発見することも少なくありません。そのような職員を発見した場合は、問題の把握に努め、早期解決を図らなければなりません。問題を放置すれば、他の職員にも影響が及び、職場内の効率的な職務遂行の障害にもなります。職場内で解決できない場合は、専門機関の助言を得たり、係長や他の職員の協力を得て対応していかなければならないでしょう。どの受験者も管理職に昇任する前に、係長（監督者）として職員の服務規律について指導した経験があると思います。この課題については、そのような経験が回答に生きるのではないでしょうか。職員の事故や非行は、住民の行政への信頼を失わせることになることを肝に銘じておかなければなりません。

Q48 公務員制度改革と人事・任用制度

★

質問 今公務員制度改革が実行されようしている背景は、どのようなものですか。

回答 1950年に地方公務員法が制定され、半世紀以上が経過しております。この間少子高齢化の進展等、社会経済情勢が変化したこと、終身雇用制が強かった民間の労働・雇用形態が変化したこと、さらには官民の役割分担も変化したことが背景としてあげられると考えます。

質問 公務員制度とりわけ公務員制度改革は、どのような点で必要なのでしょうか、お答えください。

回答 地方分権の進展に伴い、各自治体では、地方分権を担える人材の育成が求められています。具体的には、住民と協働してまちづくりを実行する人材の育成や住民の信頼を得られる適切な倫理観、責任感をもった人材を育成することなどです。

質問 地方公務員制度改革において、人事・任用制度の面では、どのような改革が求められているのでしょうか。

回答 公務能率の向上や職員のモラールの維持等を図る観点から、職員が蓄積した経験や知識を含めて職員の能力や勤務実績について公正で客観的な評価を行い、年功序列型から能力・実績を重視した人事管理に転換していく必要があります。

質問 先ほど答えられた人事・任用制度の中の昇任管理の面では、どのような改革が必要でしょうか。

回答 現在、行政運営の効率化が求められ、多くの自治体で職員数が削減されてきています。また、職員の年齢構成において、40歳代から50歳代の構成比が増大し、人事停滞、組織活力の低下が懸念されるようになってきました。それぞれの段階での昇任選考においては、組織として適任者の選抜を行えるような選考方法の実施、職員にとってより客観性、納得性のある選考方法の実施が必要であると考えます。

公務員制度改革と人事・任用制度

回答のPoint 職員にやる気を起こさせる人事・任用制度でなければならない。

質問 給与制度の面では、どうでしょうか。

回答 いわゆる「早期立ち上がり型」の給料表の構造や、民間企業における定期昇給制度の見直し動向をも踏まえた普通昇給制度のあり方等年功的な要素を縮小していく必要があると思います。また、職務給の原則を徹底し、特別昇給、勤勉手当について勤務実績をより反映できる制度に改善していく必要もあると考えます。

質問 職員採用の面においては、どのような改革が必要か、お答えください。

回答 はい。簡素な行政組織を維持しながら、住民ニーズの変化や多様化に的確に対応し、行政サービスの種類や性質に応じて弾力的に運営していくことが可能になるように、非常勤職員や短時間勤務職員など、多様な勤務形態の導入を図っていくことが必要です。また、育成に時間を要する専門性の高い職種の人材の確保、補充を図るために、有益な経験を持つ人材の中途採用や任期付任用制度の導入について検討、実施していくことも必要であると考えます。

面接官の視点

公務員制度改革と人事任用制度の改善は、管理職として日常的に考えておくべき課題です。これまでの年功序列から能力・実績を重視した人事管理に転換する必要性を踏まえ、回答しなければなりません。またこれからは、再任用制度など高齢職員の活用についても視野に入れておくべきでしょう。

また、職員一人ひとりの能力や業績を定期的、継続的に評価し、それをストックして昇任管理、配置管理等へ有効活用する、総合的な人事考課制度の確立についてふれることも必要でしょう。いうまでもありませんが、職員の人事考課を行うにあたっては、管理職として個人的な感情を排除し、客観的に実施しなければなりません。

Q 49 進行管理

★★

質問 管理職は、管轄する職場の仕事を進行管理することが大きな役割のひとつになっていますが、あなたなら、これにどのように取り組みますか。

回答 管理職は、組織目標を明示し、その達成に向けてリーダーシップを発揮することが重要です。したがって、その過程においては、常に仕事の進捗状況に目を配り、職員を統率していかなければならないと思います。

質問 進行管理で重要なマネジメントサイクルとはどういうもので、これを円滑に進めるためにはどうしたらよいのか述べてください。

回答 進行管理の基本は、PLAN（計画）・DO（実行）・SEE（評価）のマネジメントサイクル※だといわれています。計画を作り、実行し、それを評価する。その上で、その評価を次の計画作りに生かしていく。これを繰り返すことで、この3つの要素が循環していきます。それを称してマネジメントの輪、マネジメントサイクルといわれております。管理職は、この基本を念頭に置きながら係長や職員と連携を密にして、組織としての進行管理をしていくことが必要だと思います。

※ SEEをCHECK、ACTIONに2分し、4つの要素を循環させると表現する方法もある。

質問 「組織としての進行管理」について、もう少し具体的に示してください。

回答 職場は通常、課長、係長がいて、その下に職員がいるピラミッド組織になっています。大きな職場になると、職員の中でも、主査・主任などを中心としたリーダー制をとっているところがあると思います。こうしたそれぞれの段階で、責任をもって仕事を進めてもらい、係長会などの場で情報交換をしながら、必要に応じて軌道修正を図り、課全体をカバーすることが、組織としての進行管理であると考えます。

質問 進行管理を行う上で大事なことはいろいろあると思いますが、係長や職員に対しては、特に何を求めますか。

> 回答のPoint　マネジメントサイクルを生かすためには、評価の検証をしっかり行い次につなげること。

回答　係長や職員と一致協力して仕事を進めるためには、「報告・連絡・相談」（ホウ・レン・ソウ）を求めることが重要です。管理職は、仕事の進捗状況に応じて的確な判断をすることが必要であり、そのための判断材料として、正確な情報を把握することが欠かせません。これを助けてくれるのが、係長であり、職員です。したがって、日頃から「報告・連絡・相談」をしやすい雰囲気づくりに努め、コミュニケーションを円滑にしていきたいと考えます。

管理職は直接現場での事務を執らないため、住民の意見や現場職員が膚で感じる情報などにうとくなっています。現場から生の情報・声を聞くという意味からも「ホウ・レン・ソウ」を大切にしたいと思っています。

質問　行政に対しては、「一度決まれば、たとえそれが誤りであっても、なかなか**覆さない**」という批判がありますが、これについては、どう思われますか。

回答　行政の決定は、議会の議決など正規の手続を踏んだ場合は、大変な重みがあり、安易に覆すことは難しいと思います。しかし、時代や社会情勢の変化により、新たな展開が必要な施策、事業は、適宜見直すべきであり、進行管理の大きな意味がここにあると考えます。

面接官の視点

職場管理ものに関する基本的なテーマであり、管理職を目指すなら、常日頃からよく考え、整理しておくべき問題です。マネジメントサイクルなどの基本用語も当然知っておかなければなりません。ごく簡単な本を一読するだけでよいですから、こうした**管理理論の勉強も欠かさずに行ってください**。

また、たとえば、質疑応答中の「組織としての進行管理」のように、自分の言った言葉には責任があるわけですから、**内容を問われても、具体的にきちんと答えられるようにしておきましょう**。

Q 50 業績評価

★★

質問 自治体にはさまざまな施策や事務事業がありますが、これについて**業績評価を行うことの意義**について、お考えをお聞かせください。

回答 自治体では、これまで行政の継続性が重視されてきました。それゆえに、施策や事務事業の中には、すでに使命を終えているもの、所期の役割を果たせなくなっているものなどが見られます。こうした状況を打破し、真に住民が求める行政サービスを提供するためには、現行の施策や事務事業を評価し、今後のあり方を検討することが不可欠です。このことからも、業績評価の持つ意義は、非常に大きいと思います。

質問「業績評価」とひと口に言っても、いろいろなパターンがあると思いますが、評価主体ごとの種類と特徴を簡潔に挙げてください。

回答 まず、自治体が自らの施策や事務事業を評価する「自己評価」ですが、これは自らの評価なので取り組みやすい反面、役所の論理や都合が優先される心配があります。

次に、住民による「利用者評価」があり、実際にサービスを受ける側の意見を直接把握することができます。

さらに、委託による認証機関等が行う「第三者評価」があり、客観的な立場での評価が期待できる一方で、経費がかかるという側面を持っています。

質問 日常業務に追われると、今までやってきた仕事をそのまま踏襲しがちになります。現に、「業績評価などに取り組んでいる余裕がない」という声が職場から上がった場合、あなたは**管理職として**どうしますか。

回答 どこの職場でも、限られた人員で増大する住民ニーズに対応しているので、大変忙しい状況だと思います。しかし、仕事は時代の変化や社会情勢によって、常に見直しが必要であり、住民ニーズに合致したものにすることが肝要です。私は管理職として、職員には、こうした仕事の基本的な姿勢を十分に理解してもらいます。その上で、職員参加により、先ほど挙げたいくつかの種類の評価を組み合わせるなど工夫をし、一定の評価システムを確立することで、効率的に業績評価を行っていきたいと思います。

> **回答のPoint** 何をどのように評価するのか、現実的イメージを持つこと。

質問 業績評価を行うことになると、評価すること自体が目的化してしまい、仕事の見直しには結びつかないとの批判もあるようですが、いかがですか。

回答 仕事には、PLAN（計画）、DO（実行）、SEE（評価）というマネジメントサイクルがあり、どの局面で停滞してもいけません。実行したのはよいけれど、それを何の検証もしなければ、単なる「やりっぱなし」にすぎません。また、実行した仕事を評価したままで終われば、結局、その仕事の改革・改善にはつながりません。マネジメントサイクルの中でも評価をする部分が最も重要で、その評価した内容を次の計画に生かしてこそサイクルとしてつながっていきます。したがいまして、日常業務においても評価した結果はきちんと分析し、改革・改善の新たな計画づくりに活用してこそ、初めて次の仕事に生きてくると思います。

面接官の視点

質問への回答は、簡潔にすることが大事ですが、特に2つ目の質問のように、「簡潔に」とわざわざ断った上で知識を問われる場合は、絶対に長々と答えてはいけません。事例ぐらいの長さが適切でしょう。

テーマの「業績評価」は、各自治体で導入するところが相次いでいますが、その本質を踏まえないと、有効に活用することができなくなります。あくまで業績評価は、仕事をより良くするためのツールですので、それ自体が目的になってはいけません。事例では、こうした点を面接官から鋭く質問されていますが、これに呼応するように、うまく回答しています。

Q 51 説明責任が果たせる行財政運営

★★★

質問 まず説明責任の意味をお答えください。
回答 最近よくアカウンタビリティということばを聞くようになりました。アカウンタビリティは、会計上の用語でしたが、組織論の中ではその役割分担ごとに生み出される説明可能な成果に対する責任とされ、日本語では説明責任といわれております。

質問 近年、自治体の行財政運営においては、住民に対する説明責任を果たさなければならないといわれています。この背景について、述べてください。
回答 社会情勢が激変し財政事情が好転しない中においても、自治体は住民ニーズに応じた新たな行財政運営を迫られています。こうした厳しい状況下では、事務事業のスクラップ・アンド・ビルドが不可欠であり、「なぜ、この施策を選択したのか」という説明が明確になされなければ、住民の納得を得ることができません。こうした背景から、近年特に、説明責任の重要性が高まるようになりました。

質問 説明というのであれば、議会報告や広報紙の発行、情報公開制度の整備などで、すでに随分行なっていますが、それだけでは不足なのでしょうか。
回答 ご指摘のとおり、これまでにも説明責任を果たすためにさまざまな努力を重ねており、住民に一定の理解を得て、ご協力もいただいてまいりました。しかし、行政に対する住民の関心がますます高まり、今までの「お知らせ」的広報から一歩踏み込んだ説明が求められるようになっています。

質問 「お知らせから一歩踏み込んだ」とは、どういう状態を指すのでしょうか。具体的にお話ください。
回答 たとえば、広報紙やインターネットのホームページに施策を掲載するときでも、従来までなら、「こういう施策を行います」ということを周知することが中心でした。しかし、今では住民からの質問に答えたり、パブリックコメントなどの意見を募集して反響を確認するなど、住民との双方向のコミュニケーションをとり、住民の意向・意見を取り入れ、反映させていくことが、非常

> **回答のPoint** すべての施策に説明責任は付いてくるものと心得る。

に重視されています。したがいまして、今日、「説明責任を果たす」ということは、住民の合意が得られるよう積極的な働きかけをする行政手法を指すものと考えています。

質問 説明しても住民が理解してくれず、トラブルになることもあるかと思いますが、こういう場合は、説明責任を果たしたことにならないのでしょうか。
回答 残念ながら、説明責任を果たしたか否かに明確な基準はないと思います。もちろん説明をする以上、住民の合意を得ることを最大の目的としていますが、住民と自治体にはそれぞれの立場があります。したがいまして、相手の立場を尊重した上で、自治体としての方針、考え方をきちんとかつわかりやすく伝え、たとえ結果として合意に至らなくても、それが住民に一定の理解を得られれば、説明責任は果たされていると考えてよいかと思います。

質問 最後に、説明責任を果たす上で、あなたの管理職としての心構えを一言でお聞かせください。
回答 どんな困難な問題に直面しても、決して逃げずに、粘り強く説明責任を全うする覚悟です。

面接官の視点

> ひとつのことばを捉えるときには、一般的な定義づけを知っておくことも大事ですが、それを自分なりに消化しておくことがもっと大切です。面接は、知識だけを問う試験ではありませんから、知識に立脚した考え方を整理しておかなければなりません。
> また、これまで自分の自治体で取り組んできたことを軽々しく批判することは避けてください。質問3つ目の回答のように、これまでの成果を認め、それでもなお次の問題が残っているという答え方をする方が印象は良くなります。

Q 52 人材育成と管理職の役割

★

質問 今の時代の地方自治体にとって、人材育成が非常に重要だといわれていますが、その理由はどういうところにあるとお考えですか。

回答 地方分権が実践段階に入り、各自治体ともに、地域の個性に応じたきめ細かい施策を展開できる条件が整いました。このため、住民からの期待もますます高まっており、今まで以上に各職場の政策形成能力が問われてきていると思います。これに実際に取り組むのが現場の職員であり、その能力をさらに開発することが、今こそ求められています。このような理由から、人材育成は非常に重要だと思います。

質問 では具体的に、あなたが管理職なら、どのような手法で人材育成をしたいとお考えですか。

回答 できる限り多くの職員を研修に参加させ、幅広い知識を習得してもらうことが必要と考えます。

質問 幅広い知識があれば、政策を立案することができるのですか。

回答 はい。実効性のある政策を立案するためには、現状や問題を広い視野から多角的に捉えなければならないと考えます。そのためには、他の自治体の事例や政策法務など、多くの知識が必要であると思います。

質問 今はどこの職場でも、厳しい定数管理のもと少数精鋭の体制になっているはずですが、多くの職員を研修に参加させるだけの余裕があるのでしょうか。

回答 職務優先はもちろんですが、職場においてローテーションなどのやりくりをして、何とか研修に参加できるようにしたいと思います。

質問 「職務優先」というくらいなら、あえて職員を研修に出さなくても、職場の中で研修することはできないのですか。

回答 職場外研修とともに、もちろん職場研修も重要だと思います。特に、職務に関連した知識、技能などは、職場の先輩からの指導が効果的であり、この

> **回答のPoint** 管理職は、人材育成の方針を持っていなければならない。

点を強化していくことにも力を注ぎたいと考えています。

質問 どうもお話を聞いていると、「職場研修」を「職場外研修」の付属のように捉えられているという印象を受けました。管理職として、本当にそれでよろしいのでしょうか？
回答 いえ、決して付属とは考えておりません。ただし、先ほど面接官からのお話にあったように、どこの職場でも厳しい人員体制ですので、日常の仕事の中で研修というのは、現実問題として容易ではないと感じております。

質問 あなたは、職場を取り巻く厳しい環境を承知の上で、人材育成が非常に重要であり、それを推進していくのだといっているのではないのですか。
回答 はい、そのとおりです。厳しい中でも、組織を挙げて人材育成に取り組むことが必要であり、ご指摘のとおり、私の認識不足でした。申し訳ございませんでした。

面接官の視点

> 職員を研修に参加させるというのは大事なことですが、それだけで終わりでは、管理職としての責任放棄と見られてしまいます。管理職が自ら率先して実行してこそ人材育成が達成されるのです。事例の受験者は、この点の自覚が足りません。また、面接官の話を自分の都合のよい解釈で引用しているところもマイナスです。最後には自らの非を認めていますが、自分の話が論理的に矛盾や破綻をしていると気がついたときは、素直になることも必要です。

Q 53 OJTの進め方

★★

質問 職場全体のレベルアップを図る上で、OJTの意義は大きいと思いますが、課長としてはじめにやるべきことは何だとお考えですか。

回答 まず、組織目標に則して課長としての方針を定め、職員への周知徹底を図ることです。これにより職員に、「目標達成には、OJTが必要である」という自覚を持たせることが重要だと思います。

質問 OJTについては、仮に必要性を認識させても、それを各職場でなかなか実行し切れていないのが実状だと思います。その原因はどこにあり、また、これを克服するために、あなたならどうしますか。

回答 仕事が多忙なことや人事異動が頻繁でベテランが不足しがちであることなど、原因はいろいろあると思いますが、たとえそうであっても、それがOJTをやらなくてよい理由にはなりません。

私は課長として、各係ごとに個別のOJT実施案を作成させ、これに沿って計画的なOJT体制を築いていきたいと思っています。

質問 あなたは先ほど、「OJTの推進には、職員の自覚を持たせることが重要」と述べておられますが、強制的にOJTの計画を作らせても効果が薄いのではないのでしょうか。

回答 確かに、強制的に計画を作らせても、十分な効果を期待できるかという疑問は残ります。ただし、OJT推進の機運は、ただ自然発生的に根づくのを待つのではなく、きっかけづくりを課長が行うことが大切だと思います。これを契機に職員がやる気になり、自ら進んでOJTに励み、互いに切磋琢磨することで、職場全体が底上げされるものと考えます。

質問 課長の役割はきっかけづくりだけでよいのですか。

回答 単に計画を作るだけではなく、適時、成果や効果、さらに職員の成長の状況を職員と一緒に確認していきたいと思います。職員自身が自分の成長を確かめることによって、達成感を与えることができ、そのことによって自ら進んで目標に向かう姿勢を引き出すことができます。

> **回答のPoint**　OJTは個々人のレベルに合わせた取組みを図ること。

質問　OJTが定着することはよいことですが、それにより仕事がマンネリ化したり、旧態依然としたやり方が踏襲される心配はないですか。
回答　OJTの主な目的は、職務遂行能力の向上を図ることです。担当する事務遂行能力が一定程度備わらないとどこが課題なのか、何が問題なのかという気づきも生まれません。マンネリ化の解消についてはOJTで取り組むというより、職員全体で課題について話し合う機会を持つなどして対応したいと思います。

質問　OJTを行うことのメリット、見込まれる成果にはどのようなものがあるでしょうか。
回答　職員には、経歴や能力の違いがあるため、生み出す成果に差があることは否めません。これを少しでも解消し、個々のレベルアップを図るとともに、組織としての力を高めることができる点が、OJTの大きなメリットです。また、たとえばマニュアルを策定、更新するなど、OJTの実施により、職場全体が共通の財産を手にすることができることも、成果として見込まれます。

面接官の視点

> OJTは、目的や狙いがないまま、なんとなくやるというのでは意味がありません。その点で事例の回答は、**組織目標とリンクさせていること**、**時代や行政ニーズに応じた軌道修正の必要性を明示していること**で、メリハリの効いた内容になっています。加えて、OJTを推進していくという**強い姿勢**を打ち出している点も、好感が持てます。
>
> また、個々人の知識の取得、能力の向上だけが主眼ではなく、**職場全体のレベルアップにつなげるという視点**も重要なので、事例の回答は参考になると思います。

Q 54 職場のコミュニケーション

★★

質問　職場におけるコミュニケーションの**重要性**について、あなたはどのように捉えていますか。

回答　職場は、年齢・経験・性別・価値観などが違うさまざまな人の集団です。こうした集団の力を結集させ、仕事の成果を上げるためには、互いの意思疎通が欠かせません。

　そこで、何でも話し合える風通しのよい職場づくりをするためには、コミュニケーションの円滑化が重要であると捉えています。

質問　係長という立場になれば、**職場のコミュニケーションの中心**にならなければなりませんが、あなたは係長として、どのような点に留意しますか。

回答　係長は、係員と課長の間にあり、また、組織の最小単位の長として同僚係長との調整役を担うなど、まさに組織のコミュニケーションセンターだと思います。

　私はこのことを自覚し、常にコミュニケーションの伝達経路を適切に確保し、情報を交通整理することで、理解し合える組織づくりに努めていく覚悟です。

質問　もう少し具体的な話をしますが、たとえばあなたの係に、**独善的で他人と協調できない**係員がいるとします。こういう係員とは、どのようにコミュニケーションをとっていきますか。

回答　まず、係員はすべて組織の一員であることを諭し、組織目標が何であるかを再確認します。その上で、仕事の折に触れ、その係員に対し、期待している役割を明示していきます。こうすることで、係員との信頼関係を築くとともに、係員を組織人として育成していくよう心がけたいと思います。

質問　もし、その係員があなたの指導に素直に従ってくれず、5時以降の酒の席でなら話を聞くというような場合には、どのように対処していきますか。

回答　もちろん、インフォーマルな付き合いもたまには必要かと思います。必要に応じて、酒席をともにすることも厭いません。

> **回答のPoint** 話を聞く姿勢がコミュニケーションの第一歩である。

ただし、あくまでコミュニケーションの基本は、勤務時間の中で培われるものと考えます。ですから、係員が持つ仕事上の問題は、その仕事を通じて解決していかなければなりません。

質問 その方法で、結果として仕事がうまくいけばよいですが、行き詰まるようなときは、どうするのですか。

回答 問題解決には困難がつきものです。だからといって、仕事を抜きにしたり、仕事から離れたインフォーマルなコミュニケーションを重視しても、それが解決に結びつくとは限りません。むしろ、あえて仕事に立ち向かい、克服する過程において、円滑なコミュニケーションが醸成されるものと確信しています。

面接官の視点

自分だけ一方的に情報を発信しても、それだけでは人との意思の疎通は図れません。コミュニケーションを円滑にするためには、常に受け手がいることを意識しなければなりません。

また、何のためにコミュニケーションを円滑にするのかという点もよく考えてください。私たち自治体職員は、住民福祉を増進させることを目的とした行政のプロ集団です。ですから、皆で仲良くしさえすればよいというものではありません。肝心なのは、仕事をよくすることなのであり、そのためなら厳しく議論をぶつけ合うことも時には必要です。こうした中から、相互理解が生まれ、真に風通しのよい職場がつくれるのです。

Q 55 上司の補佐

★★

[質問] 係長の役割というと、部下の育成に目が行きがちですが、上司の補佐も大切な仕事です。特に直属の上司である課長が新任の場合、あなたなら、まずどのように補佐役を務めますか。

[回答] 課長は前任者から一定の引継ぎを受けると思いますが、私は係長の立場として、係の課題や事業概要をまとめ、課長にレクチャーさせていただく機会をつくります。その中で、情報や意見の交換などでコミュニケーションの機会をつくり、互いの信頼関係を構築したいと思います。

[質問] 上司にもいろいろなタイプがいますが、たとえば、決断力に欠ける課長の下にいたとしたら、どうしますか。

[回答] 私は係長として、課長が自信をもって舵がとれるような判断材料を提供することを心がけます。たとえば、基本計画や市長の施政方針、世論調査の結果など、さまざまなデータを用意して、最善策の提言を併せて行います。

また、ひと口に「決断しない」といっても、単に優柔不断な場合と、物事に慎重で納得すれば動く場合など、その人の能力、性格によって内容が異なります。そこで私は、課長の個性に合わせたサポートをしていきたいと考えています。

[質問] 係長は、課長と係員の意見が違う場合など、上と下の板挟みになり辛い立場になることもあろうかと思いますが、あなたなら、どう対処していきますか。

[回答] 係長は係員の意見を集約し、係としてよりベターな施策を導き出す役割を担っています。ですから、課長には、係としての意見を伝え、これを理解してもらうよう最大限努めます。

また、課長の部下という立場でもあるので、課長の方針を係員にきちんと説明して、極力これに沿った係運営ができるよう協力を求めます。

[質問] 「係員の意見を課長に伝える」、また、「課長の方針を係員に説明する」というだけでは、単なるメッセンジャーにすぎないのではないですか。

> **回答のPoint** 課長が安心して決断できるようにサポートすることも重要な役割のひとつである。

回答 説明不足で申し訳ありません。係員の意見を課長に伝える際には、係長としての意見を添えさせていただきます。

　また、課長の方針を係員に説明する際にも、単に課長の言ったとおり伝えるのではなく、必要に応じて忌憚なく自分の考えも含めて述べ、その上で、係員と知恵を絞りたいと思います。

質問 課長の方針を修正してしまったら、組織としての方針が職場に浸透しないのではないですか。

回答 ことば足らずでした。安易に修正するということではありません。課長の方針を実現するためには、現場の実態に沿った形で具体化しなければなりません。その結果、課長の方針に沿った成果を上げることができます。

質問 あなたは、課長の判断を助ける材料を提供すると言っていましたが、補佐をする役割なら、課長の意にそったデータ等を揃えて係員を説得することもときには必要なのではないですか。

回答 いずれの判断を選択するにせよ、常にメリット、デメリットはつきものです。私は客観的な材料を用意し、いかに課長に最善の決断をしていただくかという点を重視します。ですから、決断を恣意的に導くことは、好ましくないですし、係員ともよく議論をした方が組織の活性化につながると考えます。

面接官の視点

　係長は課長の補佐役とはいえ、盲目的に何でも従うべきものではありませんし、逆に、反発ばかりしていては仕事になりません。大事なことは、役割りを踏まえた行動に徹するということです。たとえば、いくら助言はしても、課長の決断自体に介入することはできません。決断に至るまでの間で、十分に意思の疎通を図り、課長の足りない部分を積極的に補うつもりで接すると、よい関係が築けると思います。

Q56 連　携

★★

[質問] 係長は、課の一員として組織全体の目標を達成しなければなりませんが、他係との関係はどのように築いていくべきですか。

[回答] 組織の中では各係がそれぞれの役割を分担し、その責任を果たさなければなりません。しかし、繁忙期の違いや突発的に生じる事項により、各係の仕事に濃淡が生じることは、どこの課でも大なり小なりあることと思います。こうした場合に、互いの係が応援体制をとるなど、柔軟で弾力的な組織づくりをしていくことが重要ではないかと考えます。

[質問] 応援も時には必要でしょうが、責任の所在が不明確になるなど問題はないのでしょうか。

[回答] もちろん一義的には、担当の当該係が全体の責任を持つことになります。しかし、応援の係についても、分担された役割については一定の責任を持って取り組むことが必要です。最終的には、課長の権限と責任のもと、業務を円滑に執行していかなければなりません。

[質問] 応援というだけではなく、日常業務として係同士の協力体制が必要な場合はないのですか。

[回答] 今日のように、住民ニーズが複雑・高度化してくると、ひとつの部署のみで解決できる課題は少なくなっています。当然、係内で完結できない問題も多くなってきており、日常的にも他の係と協力し合う必要があります。

[質問] 係間の連携が必要な場合でも、係長によってはセクショナリズムに凝り固まり、協力体制に消極的な人もいると思いますが、このようなとき、あなたが係長ならどうしますか。

[回答] 一番重要なことは、互いの理解を深め合うことだと思います。私が係長なら、係長会の場などを利用して、仕事の進捗状況や懸案事項、行事などについて、常に情報交換するよう呼びかけていきます。その中で、課長、庶務担当係長とも相談し、課全体の問題点を明らかにし、協力し合うべきところは、その体制をきちんと組むよう共通認識を持っていただきます。

連　携

> **回答のPoint**　日常からの協力体制、繁忙期の協力体制、それぞれを課全体で話し合っておくことが大切である。

質問　係長同士が協力的な姿勢でいても、係員にやる気がなければ意味がありませんが、この点はいかがでしょうか。

回答　係長が率先垂範すると同時に、係員にも協力し合う意識を喚起することが大切です。そのためには、何のために協力し合うのかを納得してもらう必要があります。

　私は、住民ニーズや係内の問題点を係員とともに掘り起こし、その中から係員の広い視野を醸成し、行政全般に対する協働意欲を養っていきたいと思います。

質問　何のために協力し合うのかを納得してもらうということですが、具体的にどのように納得させるのですか。

回答　問題を解決するには、協力して対応することが最も有効な方法であることを、過去に経験した事例などを挙げながら、粘り強く説いていきます。問題の解決という共通の目標と協力の必要性が理解できれば、係員もやる気がでると思います。

面接官の視点

　他係との連携というと、セクショナリズムからくる仕事の押しつけ合いという壁が立ちはだかることがよくあります。しかし、住民の立場に立つと、係がどこであろうと同じ役所内部の問題であり、「あっちだ、こっちだ」といっている場合ではありません。住民ニーズに応えるために、最良の方法は何かということに心を砕くべきです。

　こうした点を考えると、事例の回答のように、まず係長同士が共通認識に立つということが重要です。自分の係さえよければ事足れりという姿勢では、係長としての資質を疑われてしまいます。また、協力してくれなければ課長に訴えればよいという考えは安易です。課長と相談しつつも、係長が互いに進んで協力し合える関係を築いてこそ、課はうまくいくのです。

Q57 部下の育成

★★

質問 部下を育てるのは係長の使命ですが、あなたの職員育成方針をお聞かせください。

回答 係長は、日常業務が円滑に遂行できるよう努めるとともに、職員を鍛え育てることが重要です。私は、職員が何事にも前向きで、新しいことにどんどんチャレンジできるよう、伸び伸びと仕事をさせていきたいと考えています。

質問 伸び伸び育てることは結構なことですが、職員の中には自己中心的な人や協調性がないタイプなど、ひと筋縄ではいかないケースも多いのではないでしょうか。

回答 おっしゃるとおり、部下の育成は一朝一夕にできるものではないと思います。伸び伸びと育てる前提には、組織の一員としての自覚と節度ある行動を指導することが必要です。

こうした基本を踏まえた上で、一人ひとりの個性を生かした人材育成に粘り強く取り組むことが係長の役割だと思います。

質問 管理職にはない、係長ならではの部下の指導ポイントはどこにあるとお考えですか。

回答 現場の仕事に即した指導ができることだと思います。係長は、自治体行政の最前線に立つ実務の責任者です。このメリットを最大限に活用してOJTを充実させるなど、職員を実践面から育成していくことができる点が、係長の醍醐味と考えています。

質問 では、そのメリットを生かして、どのように育成していきますか。

回答 はい、まず、係員とのヒアリングの場を設け、組織目標と各係員の仕事上の目標を調整して係員ごとの目標を立て、認識を一致させます。その後は、その目標に照らし合わせて、日々温かくフォローしながら着実に育成していきます。

質問 あなたが係長として赴任した職場に、年上の部下がいた場合、どういう

> **回答のPoint** 係長の姿勢によって人材育成は左右される。

点に留意して接しますか。

回答　目上の方に対しては、日頃からことば遣いや態度に十分配慮したいと思います。しかし、仕事の中身においては上司と部下という役割分担がありますので、いうべきことは遠慮なく伝えていきます。

また、仕事を離れれば、人生の先輩として尊敬の念を持って接し、良好な人間関係を築いていきたいと思います。

質問　ベテラン職員が、新任係長であるあなたのいうことをきかず、仕事を独自に進めているとしたら、どうしますか。

回答　管理・監督者がとるべきリーダーシップには、仕事の性質や職員のレベルに応じて、専制的・民主的・放任的という型があり、その職場の状況によるので、常に同じ型のリーダーシップを選択するわけではありません。

ただし、どのような状況にあるにせよ組織で仕事をしている以上、係長のいうことをきかないという姿勢は許されるものではありません。私がこのケースの係長なら、当の職員と腹を割って話をします。その際には、仕事の進め方は信頼して任せるが、報告を必ずするなど、部下として上司に対する一定のルールをきちんと守るよう指導します。

面接官の視点

職員の育成には、厳しさと寛容さが同居するような絶妙なバランス感覚が必要です。一生懸命やっても、なかなか思いが通じず、がっかりする場面に遭遇することもあるでしょう。しかし、人づくりには忍耐が伴うことは避けられませんので、やはり粘り強く取り組むことが肝要です。

また、事例では、係長が行う職員の育成は管理職とどこが違うのかを問われています。答えはひとつではありませんが、係長の立場や役割を念頭に置き、自分なりの考え方を整理しておくとよいでしょう。

Q58 係員に汚職の疑いのあるとき

★

[質問] あなたの係の係員が汚職に関与しているという匿名の情報が住民から寄せられたとします。あなたなら最初にどう対応しますか。

[回答] まず当該職員に、その住民からの情報が正しいか否か、事実関係を確認します。

[質問] 疑いのある職員をいきなり事情聴取するのは大胆ですが……。まず他の職員などから情報を集める方がよいのではないでしょうか。

[回答] ご指摘のとおり、他の職員などから周辺情報を集めるというのもひとつの方法であると思います。しかし、その場合は、よほど情報管理に留意しないと、疑いのあるというだけで、当該職員に対してあらぬ噂や憶測を呼ぶことが考えられます。ですから、こうしたリスクを犯すよりは、本人から直接話を聞くべきだと考えました。

もちろん、職員の性格や置かれている状況によっても対応は違ってくると思いますが、その場合には、臨機応変に対処します。

[質問] 汚職が事実であるならば、その後の対応はどうしますか。

[回答] 事実を速やかに、かつ包み隠さず上司に報告します。次に、今回の問題が仕事に与える影響を予測し、上司と共に当面の対策を立てます。その上で、緊急に係会を開催して的確な情報を提供し、対策を明示することで、係員の動揺を抑えます。また、汚職の事実が明らかになれば、その職員は何らかの処分を受けることになると思います。そうしたことに備えて事実関係についての報告書の作成など事後処理にあたりたいと思います。

[質問] よく職場に菓子折りを持ってくるなど、半ば慣習化した儀礼をしばしば見受けることがありますが、こういうケースの場合あなたならどう対応しますか。

[回答] 純然たる儀礼の場合は、一律にお断りすることは難しいと思いますが、基本的には、たとえ些細なことであっても、誤解を招くようなやりとりは避けるべきだと思います。

> **回答のPoint** 汚職に至るまでには前兆があるはずである。係長はそのサインを見逃さないように目配りを常にしておくことが大切である。

　行政の透明性が叫ばれている時代でもあり、今後は儀礼であっても丁重にお断りするなど、係としてルールを定め、さらに、同様のルールを全庁的に定めるべきではないかと上司に進言します。

質問　汚職が発生すると、納税に抵抗する住民が増えるなど、その影響は深刻なものになると思われますが、その対策はどうしますか。
回答　こうした事件は、納税課のような所管課だけの問題ではなく、広く組織全体で対応しなければならないものだと思います。ですから、係長の立場としては、横の連携をしっかりとり、窓口などの現場で誠意をもったお詫びと、今後の対応につき説明できるよう体制の整備に努めていくべきだと考えます。

質問　再発を防ぐために、係長として何に気をつけるべきだとお考えですか。
回答　まず、公金の扱いや業者との対応は複数の係員で行う体制を整え、不正が起こりにくい環境を整えます。次に、管理監督者として係員の行動や言動に気を配り、疑問があれば早めに注意を喚起して、予防に努めます。

面接官の視点

> 　汚職は、直接の当事者だけではなく、それを許した全体の責任であるという認識に立たなければなりません。そして、ひとたび事が発覚すれば、素早い対応と情報の開示が何より求められます。また、汚職は住民からの信頼を著しく損ねるものだけに、1日でも早い汚名返上に全力を尽くす必要があります。そのためには、再発防止策が不可欠であり、現場の係長の責任も重大です。
> 　事例では、儀礼とからめて揺さぶりの質問が投げかけられています。その点を注意してください。

Q59 チームワークづくり

★★

[質問] 職場におけるチームワークづくりで、係長として心がけたいことは何ですか。

[回答] どんなに優秀な職員でも、また独人制の業務と見られるケースにおいても、仕事をすべて1人で完結することはできません。したがって、職員一人ひとりに、職場の中では互いが役割を担いながら仕事を進めているという意識を持たせ、組織の力を結集していくことができる環境づくりを心がけたいと思います。

[質問] 次に、多職種の職場に係長として配属されたら、どのような点に留意しますか。

[回答] 職種が多様であるということは、同じ職場の中にさまざまな考え、能力、専門性がミックスされているということになります。私はこれを大きなメリットと捉え、職員同士が相互に補完し合うことで、1+1の力を3なり4に高める相乗効果を発揮させていきたいと考えます。

その前提として、職員が互いに係の構成員としての共通認識を持つことが大切です。そのためには、職種ごとに大まかな業務内容がわかるような機会を持たせ、定例的な係会の中で情報交換を活発化するなど意思の疎通に努めていきます。このように、職員同士が他の職務内容を知り合う場を設定することが、相互理解と協働意欲につながると思います。

[質問] 専門職の中には、その専門性を極めることを重視し、他の職種のことには無関心な人も多いと思いますが、こういう職員の意識を変えることは可能なのでしょうか。

[回答] 専門性を発揮しても、結局それが生かされるのは、いろいろな職種の職員が能力を発揮し、その集大成として係の力になるのです。私は、事例研究や討論などを通じ、この点を係内で浸透させ、係としての一体感をつくり上げていきたいと考えています。

チームワークづくり

> **回答のPoint** 課・係の目標に個人の目標を合わせることで協働の土台づくりをしていく。

質問 チームワークがよいに越したことはないでしょうが、和気あいあいとしすぎて緊張感のない職場も現実には見受けられます。係長としての打開策はどうでしょうか。

回答 係は問題解決を目的とした役所の最前線組織であり、仲良し集団ではありません。ですから、仕事を向上させるためなら遠慮なく意見を出し合い、改善していく姿勢も必要です。私は、こうした厳しい姿勢から、真のチームワークが生まれ、何でも忌憚なくいい合える良好な関係が築けると確信しています。

質問 チームワークというと、他人に宴席などの付き合いを強要する職員もたまにいますが、このようなケースには、係長としてどういう態度で接していきますか。

回答 職員の中には、子育てや介護で宴席に出られない場合やあまり宴席が好きではないなどさまざまな事情を抱えた人がいます。ですから、インフォーマルなコミュニケーションは個人的な関係を深める効果はありますが、組織としてのチームワークの基本は、あくまで仕事の中で培うべきであると思います。私は係会の中で、この点を明確にし、宴席に出る出ないに関わらず、職員には公平に接することを心がけていきます。

面接官の視点

管理・監督者として極めて基本的なテーマです。それだけに、どんな質問がぶつけられても、落ち着いて答えられるよう、日頃からしっかりと考えておいてください。

また、チームワークは、コミュニケーションと密接な関係にあるので、その関係も整理しておきましょう。

質問4つ目の回答は具体性が欠けています。具体例を入れて回答するとよいでしょう。

Q 60 上司に対する報告・連絡・相談

★★

[質問] あなたは係長として、上司に対する報告・連絡・相談について、どのように進めて仕事をしていきますか。

[回答] 上司と十分なコミュニケーションをとり、適宜その判断を仰ぎながら仕事を進めていくことは、住民ニーズの迅速・的確な反映につながります。特に、報告・連絡・相談はコミュニケーションの基本であり、タイミングを逃さずに行うことが重要だと思います。

[質問] 上司が忙しいことを理由に、話をなかなか聞いてくれない場合はどうしますか。

[回答] 自分の話の仕方が悪かったことを反省し、作成したメモを渡しながら、折を見て読んでいただくよう依頼するなど、上司に合わせたコミュニケーションのとり方を工夫します。

[質問] 先ほどあなたは、「タイミングを逃さず」といっていましたが、「折を見て」などというと、まさに機を逸してしまいませんか。

[回答] はい、おっしゃるとおりです。ことば足らずでした。メモを渡す際には、「いつまでに御覧ください」という期限つきの注意書きをいたしますし、上司が不在の場合には、確実にその旨が伝わるよう関係職員に伝言等をいたします。

[質問] そんなに遠慮していては、上司に情報が伝わりにくいのではないですか。話を聞いてくれるように、上司に進言しないのですか。

[回答] 上司の忙しさ、メモの効果の度合いによりますが、効果がないようであれば、短時間でも時間を割いていただけるように申します。

[質問] 報告・連絡・相談をする上で、特に注意したい点はどこですか。

[回答] 悪い情報ほど早く上げるということが重要であると認識しています。また、中でも緊急事態などの場合には、あらゆる媒体を通じて、上司と即コンタクトをとるようにいたします。そのためには、日頃から携帯電話の番号を周知

> **回答のPoint** 報告、連絡、相談に遠慮は無用。必要度、緊急度に合わせて適切に行うこと。

し合うなど、いつでも連絡が取り合える環境を整えておくことが重要です。

質問 事故の発生など緊急を要する事態の報告は、どのように行いますか。
回答 直ちに直属の上司に事故報告をするとともに、上司と相談の上、係内でも関係職員から成る特別対策チームをつくります。

質問 事故の対応は、管理職に任せればよいのではありませんか。
回答 管理職には、たとえばマスコミ対応やトップへの報告など管理職としての役割があり、係長には、庁内関係部局との調整や善後策の素案づくりなど係長としての役割があります。
　したがって、このような非常時には、両者が互いに役割を果たしながら、組織として対応することが重要だと思います。

面接官の視点

　俗にいう「ホウ・レン・ソウ」の事例です。上司にもいろいろなタイプがいて、あまり細かい話をされることをイヤがる人や、反対に何でも知らされないと機嫌が悪くなる人まで、千差万別です。しかし、組織としてきちんと話の筋を通すためには、職制を通じた判断を得ることが必要です。多少イヤがられても、仕事として行うのですから、遠慮は禁物です。
　また、「タイミング」も実に重要な視点であり、時間は貴重なのですから、上司も部下もお互いに効率的に対応したいものです。

Q61 プロジェクト組織の進行管理

★★★

[質問] あなたは、プロジェクト組織の今日的な意義はどこにあるとお考えですか。

[回答] プロジェクト組織の編成は、従来からも問題解決の手法のひとつとして用いられてきていました。

しかし、特に最近では、役所のタテ割組織内だけでは到底解決し得ない複雑な事例が増加してきており、恒常的に課や係の枠を超えた対応が求められるようになってきています。

そこで、硬直化した組織を見直し、環境の変化に柔軟に対応できる動態的な組織を構築することがますます注目されており、そのひとつであるプロジェクト組織の意義も大きくなっています。

[質問] プロジェクト組織の長所・短所を挙げてください。

[回答] まず長所ですが、組織自体がもともと臨時の編成ですので、弾力的で機動性に富んでおり、特定の課題に特化しておりますので、集中して解決に当たることが可能です。

次に短所ですが、「寄せ集め」という批判があるように、責任の所在があいまいになりがちな点と、成員が所属している組織の利害を主張するなどセクショナリズムを出すことがあることです。

[質問] プロジェクト組織の長所・短所を踏まえて、その進行管理はどのようにしていけばよいとお考えですか。

[回答] 第1に、プロジェクト組織全体のとりまとめをする担当者が必要だと思います。それを決めた上で、メンバーがそれぞれ役割分担をし、自らの担当分野には責任をもって対処することが重要です。先ほどのとりまとめ担当者は、コーディネーターとして、全体の進行管理に当たることが望ましいと思います。

また、各部門から有能なメンバーを集めるので、各職場の担当業務に支障が出ないよう、期間を区切ることも必要だと思います。

プロジェクト組織の進行管理 123

> **回答のPoint** プロジェクト組織は、特定の問題を早期に解決するための有効な手段のひとつである。

質問 プロジェクト組織をいちいち作るよりは、組織改正を行った方が簡単なのではないのでしょうか。

回答 組織改正は、必要に応じて行っていくべきだと思います。しかし、公式的な組織は、住民がサービスを利用する際に混乱を生んだり、支障をきたすことがあってはいけません。特に、これだけ変化の波が激しい時代なので、これに合わせて組織改正をしていくと、毎年のように所管部署名が変わるなど、住民にかえって迷惑をかける恐れも否めません。

そこで、一方で行政の安定性と継続性を保ちながら、プロジェクト組織を活用し、時代の要請にも応えていくことができる仕組みをつくる方が現実的な対応だと考えます。

質問 プロジェクト組織を機能させる鍵はどこにあるでしょうか。

回答 参加している職員の能力を最大限に引き出し、まとめ上げていくことだと思います。プロジェクト組織には各課・各係から優秀な職員が参加してきます。課題解決にむけて、職員の能力を生かすリーダーシップが最も重要であると思います。

質問 プロジェクト組織の成果を生かすために注意することは何ですか。

回答 各課、各係がその検討結果を真摯に受けとめ、特に、自分の係で、その成果を生かすためにどのように行動したらよいか。そのためには係の役割を正確に認識することです。その上で、役割に沿った事務事業を推進することによって、プロジェクトの検討結果が全体の成果として実を結ぶと考えます。

面接官の視点

組織の再編・整理は普遍のテーマですが、プロジェクト組織は課題解決の切り札として、いつの時代でも重宝されています。

管理・監督者であれば、その利点を十分に生かすことができるよう、運営方法を考えていきましょう。

Q62 コンプライアンス

★

質問 最近、民間企業ではコンプライアンスということが重視されています。なぜ、コンプライアンスが重視されるのでしょうか。

回答 コンプライアンスとは、法律や条例を遵守すること、法令に違反しないことと言われています。近年、民間企業の中には、法令に違反したり、違法にならないまでも不適切な行為をしていたことによって、社会的信用を失い、結果的に利益を大幅に減らしたり、会社に大きな損失を発生させてしまった事例があります。その反省から、法令に違反しないように社員研修などが重視され、社内風土の改善が求められていると考えられております。

質問 法令等を守るというのはある意味当然のことであり、そのことと社内風土の改善とは結び付かないように思いますが、いかがですか。

回答 先程、コンプライアンスとは法令や条例の遵守と申し上げましたが、それだけにとどまらず、さらに、企業が公正、適正な企業活動を行うことによって消費者や社会に対して責任を果たしていくという意味も含まれていると考えます。こうした責任を果たすことによって、企業への消費者の信頼感が高まり、その結果として企業の業績が伸びることにつながります。

法令等を守るというのは当然のことでありますが、現実には交通違反や製造年月日の改ざんなどが起きています。事故や事件が起こらないように改めて法令等を遵守する風土をつくるとともに、消費者をはじめとして社会にいかに信頼されるかが企業にとっての一番の問題であり、そのためには、何を改善していけば良いのかを考え、実行するための風土づくりが重要になっています。

質問 自治体は元々法令や条例に基づいて仕事を行っており、あえてコンプライアンスということは必要ないように思いますが、いかがお考えですか。

回答 はい。私達の仕事は憲法の下に、法令や条例に基づいて行われています。しかし、現実には、個人情報の漏えい事故や職員による不祥事も起こっております。行政や公務員に対する市民の信頼を増すためには、法令違反や不祥事が起こらないような取り組みを強力に進め、市の施策についてより一層市民に理解していただくことが必要であると考えます。

コンプライアンス　125

> **回答のPoint**　住民の信頼が市政運営の要。常に、それを意識した回答を。

質問　具体的にはどのようなことでしょうか。
回答　例えば、市職員の飲酒運転の問題があります。飲酒運転は法律でも禁止されていますし、各自治体も懲戒処分が厳しく適用されています。しかし、公務員の飲酒運転による事故は完全にはなくなっていません。

　完全になくしていくためには、各職場で職員一人ひとりが飲酒運転は絶対にしないという強い意思と、職場として飲酒運転を許さない風土づくりが必要であると思います。その結果、市民の信頼を得ることができると考えます。

質問　あなたは管理職として、コンプライアンスをどのように築きますか。
回答　市民の信頼を得て仕事を進めるためには、職員一人ひとりが自ら市民の目線から、自分たちの仕事の進め方や服務のあり方を見直していかなければなりません。私が管理職であれば、係長を中心に係会を通じて、係ごとに市民の目から見た現状の問題点と改善策を出させ、市民に不信感を与えないように、できるところから実行させるようにします。

　また、1つひとつの事務について、法令上の根拠を再確認させることによってコンプライアンスを身につけさせていきます。

　さらに、職員同士が互いの仕事を理解することによって相互に抑止効果が働き、不適切な事務処理が発生しないようにしていきます。

面接官の視点

　言葉の意味や必要性を理解しているかどうか、それを具体的に実践する発想をもっているかが問われています。私たちは法令を根拠に仕事をしていますが、単に法令に従うだけでなく、どのように市民の期待に応えることができるかを考えていかなければなりません。

　市民の立場に立ってより丁寧に説明したり、相手の状況に応じて、工夫して対応することによって信頼感が高まるはずです。職員一人ひとりにそうした発想をもたせ、実践に結びつけていくことが管理職の役割です。

Q63 自治体のガバナンス

★

質問 民間企業ではコーポレートガバナンスの取り組みが進んでいると言われています。コーポレートガバナンスについてはご存知ですか。
回答 民間企業において、株主や利害関係者の要求を満たしながら、企業の目的である富の創造を効率的に行い、同時に経済や社会の発展に貢献することができるような企業運営であると認識しております。企業統治とも呼ばれます。

質問 なぜ、コーポレートガバナンスに取り組むのでしょうか。
回答 コーポレートガバナンスが取り組まれるようになった背景には、世界的に企業買収が進み、機関投資家の発言力が強まったこと、さらには1990年代に企業の不祥事が相次ぎ発覚したことから、効率的な利益の追求だけでなく、企業の倫理性も含んだ統治が求められたことが挙げられます。

質問 あなたは、民間企業のコーポレートガバナンスの動きをどのように捉え、どのように自治体に活かしていけるとお考えですか。
回答 民間企業では経営者を監視する仕組みとして取り入れられています。自治体では、執行機関である首長に対して、すでに議会や監査委員などが監視する仕組みが制度化されております。自治体の場合はリコールの制度もあり、首長を監視する制度としては整備されています。

ただし、利害関係者、つまり自治体であれば住民や地域の商店街、民間企業や事業者の要望に配慮することや、不祥事の防止という点では参考にすべきことも多いと思います。

質問 どういった点で参考にすることができますか。
回答 1つ目は、利害関係者の意見や要望をよく聞いて、その利益のために事務事業を推進するという点です。行政の施策や事務事業は、住民はもとより商店や中小企業に大きな影響を及ぼします。また、現代社会では住民の要望も多様化し、その内容も複雑になっています。そうした状況の下では、要望等をよく聞いた上で、住民の利益ができるかぎり大きくなるように施策や事務事業の選択を行っていかなければなりません。

> **回答のPoint**　民間企業の変化に学び、行政の進め方も変えていく。

　2つ目には、不祥事の防止という点です。自治体においても、ときどき公務員による公金横領や飲酒運転による事故等が、マスコミに取り上げられます。こうした、事件事故の発生は、住民の行政への信頼感を大きく傷つけます。自治体の仕事は、住民の理解と協力がなければ推進することができません。その基礎が信頼関係です。自治体に対する住民の信頼がなければ、結果として施策や事務事業が進まず、住民の福祉も停滞してしまいかねません。そうならないためには、組織全体で不祥事の防止を図っていかなければなりません。

|質問|　では、具体的にはどのような見直しを行っていくのですか。
|回答|　はい。まず、利害関係者の意見等を取り入れる方法として、民間企業では外部取締役の導入や経営委員会などの監視組織を設ける取り組みを行っています。すでに、自治体においては住民説明会などの方法により取り組んでいるケースもあります。これからは、さらに施策の策定段階から住民参加による委員会を設けて、多様な意見を取り入れていきたいと思います。

　次に、不祥事を防止するために、民間企業では内部統制の整備が進んでいます。自治体においても、職員の行動規範や倫理憲章を定めて、公務員としてのあるべき姿を明確にするとともに、罰則の方針を示しておく必要があると考えます。こうしたことによって組織内の相互チェック機能が働き、不祥事を起こしにくい職場をつくっていきたいと思います。

面接官の視点

　民間企業のコーポレートガバナンスから自治体のガバナンスという流れで、質問がされています。民間企業と自治体では、組織の成り立ちや目的が異なるので細かい部分では、直接的な導入は難しいと思います。しかし、民間企業の活動においても利益の追求だけではなく、利害関係者の声を聞いたり、社会的な貢献を図るといった大きな変化が表れています。ここでは、民間企業の取り組みに学ぶ点のみを質問していますが、社会貢献の分野ではもう一歩踏み込んで考えてみてください。自治体と企業の協力関係の在り方もテーマになる要素があります。

Q64 SWOT 分析

★

質問 組織の目標を達成するための戦略を検討する方法として、SWOT（スウォット）分析という方法があります。SWOT 分析についてはご存知ですか。
回答 はい、知っております。組織の目標を達成するために、組織内の強み（S = strength）と弱み（W = weakness）、組織外の機会（O = opportunity）と脅威（T = threat）を分析して戦略計画を練り上げる方法です。それぞれの言葉の英語の頭文字をとって SWOT 分析と呼んでいます。

質問 組織の強み、弱み、組織外の機会、脅威について説明してください。
回答 はい。組織の強みとは、目標達成に貢献する組織の特質を言います。弱みとは、目標達成の障害となる組織の特質を言い、機会とは目標達成に貢献する外部の特質、脅威とは、逆に目標達成の障害となる外部の特質です。企業の強みや弱みの例としては、財務状況や土地保有などの資源の有無、製品を輸送する時間の長短などを指し、機会や脅威の例としては、法令の規定や経済環境などが挙げられます。

質問 これまでに SWOT 分析の手法を使って課題を分析をした経験はありますか。
回答 はい。かつて図書館の改築にかかわったときに、組織内の強みとして児童書の所蔵が多いこと、弱みとしてビジネスの専門書が少ないこと、また、組織外の機会として、幼児のための読書会が盛んであること、さらに脅威として、インターネットによる図書の購入や電子媒体による読者が増えていることなどを分析しました。

質問 そのときの経験から、最も大事だと感じたことは何ですか。
回答 はい。目標の達成を常に意識して分析することだと思います。目標を常に意識していないと、手段として掲げた項目の分析に集中してしまい、分析だけで終わってしまうことになります。分析したことが、目標の達成に対して強みなのか、弱みなのか、チャンスとなるのか障害となるのかをはっきりさせていく必要があります。

> **回答のPoint** 組織目標の達成には、組織内の強み、弱み、組織外の機会や障害を分析すること。

質問 では、もし仮に分析の結果として、障害となるものが大きすぎて目標の達成が不可能であるとなった場合、あなたは係長としてどのように対処していきますか。

回答 はい、まず分析の結果を正確に上司に報告します。その際には、対応策を提案し、それを元に判断を仰ぐように努めます。対応策としては、例えば人員や職員のスキルが不足しているのであれば、臨時的な職員の増強やスキルのある民間事業者の活用などの補強策を検討し、提案します。また、法令や経済情勢などにより目標の達成が困難であれば、ある程度の効果が期待できる代替の目標などを検討し、提案します。目標の変更には慎重な判断が必要ですが、障害が大きく、実施が困難であれば再考せざるを得ないことも考えられます。

面接官の視点

仕事を進める上では、どのような形であれ、また意識するしないに関らず、目標を達成するための戦略を練り、そのために組織の現状や組織外の情勢を分析しているはずです。面接に備えては、そうした過去の仕事上の経験を、それぞれの分析手法に照らし合わせながら考察することによって、ある程度の答えを準備することができます。

また、現在、戦略を練らなければならない課題があれば、意識的にSWOT分析を行ってシミュレーションをしてみることは有益です。どのような手法にも長所と短所がありますので、自分なりにその手法の優位性や弱点を捉えておき、さらに対応策まで考えておくと、リアルで説得力のある回答をすることができます。

Q65 キャリア・デベロップメント・プログラム(CDP)

★★

質問 キャリア・デベロップメント・プログラム(CDP)について説明してください。

回答 CDPとは、個々の職員のキャリアの形成を、中長期的な視点で支援していくための仕組みです。数年から、十数年先のキャリアの目標を定め、達成するために必要な能力や経験を総合的・計画的に積み重ねていこうとする人材育成のプログラムです。

質問 その必要な能力や経験は、どのように形成されることになりますか。

回答 基本的には、その組織がどのような能力を有する人材を育成したいかという組織ニーズにより形成されることになります。

質問 市役所という組織のニーズとはどのようなものですか。

回答 はい。市民から見ると、市役所の職員は、市の業務全般にわたって理解をしていると思っております。また、業務に関する専門的な知識を有しており、市民が尋ねることに的確に答えられると思っております。さらに親切に応対してほしいというニーズもあると思います。それらが組織ニーズとなり、職員には業務知識、市全般の仕事の把握、接遇などに対する能力が求められます。

質問 組織ニーズだけで、CDPは進められますか。

回答 組織ニーズを基本とし、最近では職員の希望や適性を考慮しながら、育成的な人事異動、OJT、Off JTなどの研修、自己啓発も含め多様な実践と組み合わせて、総合的に職員の能力向上・職務開発を進めていく方法が採用されております。

質問 現在、わが市で採用された職員に実施されているCDPの実例で知っていることをお答えください。

回答 まず、採用された職員は、10年間で、3つの職場を3年程度で異動するというプログラムが組まれております。これは新規採用の職員に、異なった分

> **回答のPoint**　組織がどのような人材を求めるのかを明確化すること。

野の職務を経験させることで、広く市の仕事を知ってもらうことが狙いです。また同時に自分の適性や将来のキャリアについて職務を経験することで、進むべき方向性を意識してもらうことを意図しております。

|質問|　3つの職務を経験させた後、その職員の希望でその後の職務は固定されていくわけですか。

|回答|　たとえば、生活保護の業務を経験しても、当然ながら福祉のすべてわかるわけではありません。福祉分野としては他にも障害福祉や高齢者福祉などの分野もございます。本人の希望で、さらに福祉分野に携わっていきたいという思いがあれば、さらに福祉分野へのキャリアアップを図ってもらうことになります。また、3つの職場を経験する中で、企画・計画や情報システム開発などに能力が認められれば、市全体の計画部門や情報システム課へのキャリアアップも考えられます。

|質問|　CDPを進めることで、組織の求める人材はすべて育成することが可能ですか。

|回答|　CDPだけで組織の求める人材が全て育成できるとまではいえません。職員採用の際に、事務、福祉、建築、土木というような採用区分がございます。それぞれの分野で、CDPを進めることで、広く組織の求める人材育成はできてまいりますが、広報、観光、語学などの、より専門性が高く、民間企業と比較して育成しにくい分野については、専門知識や経験を有する民間企業出身者を中途採用したり、専門事業者に委託したりしながら独自のニーズに対応していく例も多くなってまいりました。

面接官の視点

> 　CDPは、職員のキャリアの形成を総合的・計画的に形成する人材育成のプログラムです。自治体間競争の中で、より専門化した職員の育成が求められております。CDPだけでなく、あなたの自治体の動きをしっかりと調査した上で面接に臨むことが必要です。

Q66 ビジネス・プロセス・リエンジニアリング(BPR)

★

質問 BPRとは何かを説明してください。
回答 BPRとは、ビジネス・プロセス・リエンジニアリングの略で、目標達成のために業務の内容やその流れを分析し業務が最適となるように再構築するものです。個別業務のプロセスを単に改善するという意味に留まらず、全ての業務活動を連動させ、首尾一貫したビジネスプロセスとして最適化を図ろうとするものです。

質問 BPRという考え方をなぜ取り入れるようになったのですか。
回答 仕事の種類や質にもよりますが、軽微な作業を除いては基本的に仕事を1人で完結できるものではありません。顧客へのサービスという業務を考えてみると、複数の業務によって1つのサービスが構成されております。職員が、担当業務に専念できるということは、他の職員が他の業務をカバーしていたり、サポートしている場合が多く、知らず知らずに相互に支え合っています。よって、顧客サービス全体を良くするために個別の担当業務を見直すだけでは、十分とはいえません。

質問 BPRは、TQCと同じ考え方ですか。
回答 TQCは、トータル・クオリティ・コントロールの略で、日常的な業務改善を実施することや業務の中で無駄を省く活動のことです。それに対し、BPRは、業務活動全般にわたる包括的な再構築を示しますので大きな違いがあります。

質問 業務活動全般にわたる再構築となれば、各部門の協力が必要となると思いますが、簡単に進みますか。
回答 BPRに関わる関係者には、組織横断的に、業務プロセスを最適化していこうとする視点が必要ですが、各組織の代表は部門の利益代表となりがちです。また、自分達が今まで行ってきた方法、手順を見直すことは、自分達を否定することにもつながり、抵抗する部門も少なくないと思います。

回答のPoint BPRに取り組むためには、組織横断的なしくみと各部門の協力をいかに取りつけるかが重要。

質問 そのような抵抗勢力がいる場合にどのように説明して理解を得ていくのですか。

回答 BPRにより業務プロセス全般にわたる再構築を実施するには、トップがそれを強く望んでいることを示し、関係組織全体として取り組むという機運を醸成させなければなりません。また、BPRに取り組むための明確な根拠、期待される効果を示し取り組むことで自分達の業務が改善され、市民サービスの向上となることを可視化し、定量的に示す必要もあります。それができれば、モラールを高められると考えます。

質問 取り組む根拠や効果が示されれば、再構築に関係する職員が積極的に取り組んでくれますか。

回答 職員は、日々の仕事の中で疑問を持ちながらも、担当業務を現状の方法、手順で遂行していることも少なくありません。実際にBPRに取り組む職員間での問題点や課題の共有化は欠かせません。また、業務の進め方の問題点に気づいていかないと改善は進みません。現在の業務の枠にとらわれず、検討してもらい、良案であれば採用することを担保してあげれば、参画意欲も高まっていくかと思います。

面接官の視点

　組織の長となって、改革、改善を任せられることがあります。その際に、自分の所管する事務の範囲だけで考えると小手先の改善で終わってしまうことがあります。事業の目的や組織横断的な大きな視点を持ち、BPRの考え方を念頭に置いて進めていくことが必要です。

　ただ、現実には、改善すべき範囲が広がれば、関係する組織も多くなります。他部門の業務についても変更、再構築を求めていくこととなり簡単に進められるものではありません。予め組織全体で取り組むことをトップ層にオーソライズしてもらうことが必要となってまいります。BPRの考え方と現実の組織間調整とのギャップも意識してほしいと思います。

Q 67 ベンチマーキング

★

質問 民間企業では、ベンチマーキングという手法により情報を収集し、企業活動の改善、改革を行っているそうです。ベンチマーキングの手法はご存知ですか。

回答 はい。ベンチマーキングの手法は、その業界の内外を問わず、ある分野について最も優れた方法や手順を実行している組織から、その実践方法を学び、自社に導入していく方法と言われています。

質問 ベンチマーキングはなぜ民間企業に浸透しているのですか。

回答 ベンチマーキングの良さの1つは、激しい競争環境に置かれている民間企業にとって、その業界や分野で最も成果を上げている企業のやり方を学び、取り入れることで新たな成長に結びつける可能性が高いことです。

2つ目には、自社の中だけでは思いつかない新しい発想や情報に触れることができると同時に、自社の改善点を明確にすることができます。その結果、既成概念を超えた成長を促すことができます。

質問 たいへん有益な手法と考えられますが、この手法をわが市に導入することはできますか。

回答 はい、できると思います。これまでも、新規事業や事務事業の改善を行う際には、他の先進的な自治体の事例の情報を収集し、現地調査を行うなどして、優れた方法などに学んできました。その上で、わが市の現状や問題点を分析して、目標の達成に向けた計画やプロセスを作成し、実行してきました。そうした意味では、今でもある程度ベンチマーキングの手法を取り入れてきていると思います。

わが市は、昨年、市の基本計画を定め、今年度はその執行に向けて動き出しました。基本計画に掲げた目標を達成するためには、さらにベンチマーキングの手法を活用して、優れた他都市の事例に学び、その方法をわが市に導入していきたいと思います。

質問 他の先進的自治体に学ぶことは大事ですが、他都市のやり方をそのまま

> **回答のPoint**　良い事例に学び、自分のものとして使いこなしていけるようにする。

わが市に適用することができるのですか。

回答　それぞれの自治体には、抱える課題や歴史的な経緯、産業構造や文化性の違いなどの地域特性があり、他都市の成功例と言えども、そのままわが市に導入することはできません。しかし、課題と目標を明確にした上で他都市の事例を分析し、学ぶべき点や導入可能な仕組みなど、わが市の取り組むべき方向性が合致している部分については導入可能と思っております。

質問　あえて他の自治体に学ばなくても、今自分たちが抱えている課題の解決に集中して当たれば、解決の方策が見えてくるのではないですか。

回答　社会経済情勢が激しく変化している現代社会においては、広い視野から課題や問題を捉え、新しい発想からスピード感をもって解決策を探っていかなければ、住民の抱える課題の解決に結び付かないと考えます。ベンチマーキングの手法は課題解決に向けた手段の１つでありますが、現状における最も優れた方法に学び、取り入れていくことは、住民の福祉に貢献することにつながると考えます。

面接官の視点

責任をもって行政課題を解決し、市の目標を達成していくためには、担当業務をどのように推進していくか、明確なイメージをもっておく必要があります。歴史も文化も違い、住民の気質も違う他の自治体の成功事例をそのまま導入するだけでは良い成果を出すことはできないでしょう。面接の場面では、様々な経営手法を現実の場に即した形で捉え、メリットとデメリットを意識して回答していくと良いでしょう。リアルに回答することで、説得力が増します。

Q 68 連結ピン

★★

[質問] 係長など指導的立場にある管理監督者は、課長の指示、他組織との関係を係員に効果的に伝える役割を期待されています。こうした役割がなぜ必要なのか、説明してください。

[回答] 規模の大小はありますが、各自治体は1つの組織体であり、複数の部署、職員が関係しあって仕事を進めています。それぞれの職場は全体の目標を達成するために、統制力をもって、他の職場と連携を取ることが求められます。

それゆえに、上位の課長と係集団や横の集団同士を結びつけるためには、その間に立って調整したり、交渉する、いわゆる連結ピンの機能が欠かせないわけです。これが、管理監督者の重要な役割になっています。

[質問] 自治体の仕事の中には、1人だけで完結できるものも多いのではないでしょうか。

[回答] 仕事の種類や質にもよりますが、軽微な作業を除いては基本的に1人で完結することは考えにくいと思います。

また、その仕事に専念できるということは、誰かが他の業務をカバーしたり、サポートしている場合も多く、知らず知らずに何らかの形で相互に支えられていると考えます。

[質問] 連結ピンの役割を円滑に果たすためには、管理監督者には、どんな能力が求められるでしょうか。

[回答] まず、連結ピンの役割を自覚する高いモラールや、組織を率いるリーダーシップ、多くの人々と折衝できるコミュニケーション能力などが求められます。

また、自分の部署の利益だけで行動するのではなく、相手の事情にもよく配慮ができ、組織全体のことを考えられる広い視野と積極的に参加していく姿勢が大切になります。

[質問] 連結ピンという意味でのコミュニケーションでは、どのような内容を意

> **回答のPoint** 基礎的な知識と実践力を表現すること。

識すれば良いものなのでしょうか。

回答 コミュニケーションには、単位組織内の職員同士や組織と組織を繋ぐ横のコミュニケーション以外にも、組織を統制していくために上司から部下に流れる、上から下へのコミュニケーションがあります。上司から部下へは、一般的に指示という形態で行われます。たとえば、上司から厳しい注文が出た場合、「課長が無理を言ってきた。」と伝えるのと、「課長は、うちの係に大きな期待をしている。難しい職務だけれど、期待にこたえよう。」と伝えるのでは雲泥の差です。このように、職員に動機付けたり、やる気にさせる指示的なコミュニケーションを出していくことが大切です。

連結ピンという意味では、こうした上下左右の方向で、単に伝えるのではなく、意図を自分なりに解釈して、能動的なコミュニケーションへと転換する意識が求められます。

質問 あなたが管理監督者であれば、連結ピンとしてうまく機能するために、どのようなことを心がけますか。

回答 まず、常に部や課の組織目標を確認します。そして、その目標を達成するために、係長会の中で自分の部署でできることを積極的に提言し、職員の参画を促します。その中で、組織間をつなぐために、相手の意思を翻訳して伝える努力をいたします。そして、自分が管理監督する組織のモラールが高まるように仕向けてまいります。組織目標が共有化され、職員が主体的に行動できるような状況を目指します。

面接官の視点

連結ピンは、レンシス・リッカートが提案した重複集団型組織モデルにおける、集団のリーダーの役割を述べたものです。リーダーは、上下２つの集団のコミュニケーションを有機的に結びつける役割（連結ピン）を果たすことによって、各集団は自主管理を行いながらも全体の組織に統合されるというものです。組織論やコミュニケーションの基本的な知識を基にして、現場でどのように実践するかリアリティのある回答を心がけてください。

Q 69 SL理論

★

[質問] 何処の職場にも、やる気にあふれた職員もいれば、やややる気の不足している職員もいます。そうした様々な職員がいる職場の中で、あなたが管理職であればどのように職員を指導しますか。

[回答] はい、私が管理者であれば、まず、日々の仕事を通じてできるだけ早い段階で、個々の職員の仕事に対する成熟度を捉えるように努めます。その成熟度とは、できるだけ高い目標を立てて、その目標を達成しようとする姿勢があるかどうかという積極性と、もう一点は、その目標を達成するに足る技量を備えているかどうかです。

[質問] 職員を捉えていく方法は分かりました。再度お聞きしますが、それぞれの職員をどのように指導していくのですか。

[回答] 失礼しました。まず、職務に対する積極性の指標と技量の指標を用いて、職員の成熟度を4つに類型化します。成熟度の低い方から、第1に、積極性も技量も不十分な職員。第2に、積極的であるが技量の足りない職員。第3に、積極的ではないが技量を備えている職員。第4に、積極性も技量もある職員です。この類型にしたがって、管理者としての接し方を変えます。

成熟度の1番低い第1の職員には、担当事務の役割を明確に示し、細かく指示を出すようにします。第2の積極的だが技量の不十分な職員には、細かい指示を出すとともに、積極性を損なわないようにある程度任せるようにします。逆に、第3の職員には、積極性が出てくるようにいろいろな場面で参加の機会を与え、技量を生かすようにしていきます。第4の職員には、権限や責任を委譲し、自分の思いどおりにやれるように任せることで、その能力を生かしていきます。

[質問] 指示ばかり受ける職員と、ほとんど指示を受けない職員がいるということですが、指示ばかり受けている職員はかえってモチベーションが下がってしまうのではないですか。

[回答] 技量をすぐに身につけることは難しい面がありますが、積極性については、職員と良く話し合って本人の希望や状況を聞きだし、同時に、担当してい

> **回答のPoint** 個々の職員の特徴を掴んで育成する。

る事務の重要性や期待感を伝えることで積極性を引き出すように努めます。その上で、ある程度の指示は、技量を身につける上で止むを得ないことを認識してもらいます。

質問 一方で、ほとんど指示を受けない職員がいますが、放っておいて良いのですか。
回答 はい、ある程度は任せますが、定期的に報告をさせて進捗状況をチェックします。技量も積極性もあるとはいえ、積極的であるがために達成目標とは異なる方向に進んでしまう危険性があります。また、独善的になる恐れがあり、その点は常にチェックする姿勢で対応していきます。

質問 あなたの考えはよく分かりましたが、その考え方で行動する際に最も心がけなければならないことは何ですか。
回答 1つには、日常から、先入観を持たずに職員を良く見ることです。その中から、良いところを積極的に探し出し、良い点を生かすように配慮していくことが大切だと思います。2つ目には、職員一人ひとりに対応することです。ある程度は、係長に任せ、係長の管理能力を高めていかなければなりませんが、課の責任者は課長ですので、職員一人ひとりの成熟度が高まるように配慮した行動をしていかなければならないと考えます。

面接官の視点

ハーシーとブランチャードが提案したリーダーシップ状況適合理論（SL理論 Situational Leadership）に基づいた質問と回答になっています。近年は、多くの自治体で職員数を絞り、少数の人員で成果を出すように努めています。そのため、管理者には職員の持っている能力を最大限に引き出す行動が求められています。

この事例では、最初に回答がずれてしまいました。説明的になってしまうと回答が長くなってしまいます。できるだけ結論から述べる工夫が必要です。

Q 70 PM理論

★★

[質問] 近年、自治体においても成果主義の考え方が取り入れられてきています。あなたが管理職であれば、成果を上げるために、どのように職員の指導を心がけますか。

[回答] 最近はわが市においても成果主義、能力主義の観点から、結果としての成果が求められる時代になりました。職員の能力を最大限に引き出し、着実に成果を上げていくために、管理者は、まず、組織目標を明確にして進むべき方向を職員に示します。次に、その目標達成に向けて係長をはじめとする部下職員の行動に注視し、目標から逸脱しないように適宜、指導や指示を行っていきます。

[質問] 日常的に報告を求め、事業の進捗状況をチェックし、必要な指示を出していくということですか。

[回答] おっしゃるとおりです。管理者の責務は最小の経費で最大の成果を出すことにあります。無駄を省き、効率的に目標を達成するためには、事業の進捗状況をチェックする必要があります。

[質問] あまりチェックをしすぎると、職員自身の裁量の余地がなくなり、かえってやる気を削いでしまうことになりませんか。

[回答] 変化の激しい現代社会にあっては、行政の対応もスピーディでないと住民が成果を実感できません。短期間にハッキリした成果を出していくことは、厳しい財政状況の下では必要不可欠なことです。

私は、そのために職員の作業状況を詳しくチェックし、的確に指導、指示することによって、住民サービスの向上を図っていきます。

[質問] 個人の成果ばかりに目を向けすぎると、職員同士の競争意識が高まりすぎて、職場がギクシャクしてしまいませんか。

[回答] はい、その点は懸念されるところです。競争して、向上しあうことは良いことですが、ライバル意識が高じて共有すべき情報が共有されなかったり、協力し合う場面で協力できないようであっては、かえって成果を上げることが

> **回答のPoint** 成果を上げるために何をすればよいのか、まとめておこう。

できません。

　私が管理者であれば、そのようなことにならないように、日常のチェックの際に個別に注意していきます。

質問 注意を喚起するだけで、良好な人間関係を築くことができるのでしょうか。

回答 はい、日頃から人間関係や人間的側面にも留意して観察し、報告を受ける際には、人間関係の重要さを説くとともに、良好な人間関係を築いていくためのアドバイスなども心がけます。

面接官の視点

　三隅二不二氏の提唱したPM理論の考え方によれば、リーダーの行動として、課題達成、生産性を重んじるP機能（performance）と、集団自体を維持存続させようとするM機能（maintenance）があり、両機能が高いリーダーシップが集団や組織にとって最も望ましいと言われています。

　この事例では、最初からP機能に重きが置かれた回答になっています。M機能の効用にも注目し、両機能の特徴や重要性を十分に理解した上で回答を組み立てていく必要があります。

　P機能に関するリーダーの行動としては、最大限に部下を働かせる、目標を達成するために綿密な計画を立てさせて、仕事に関してやかましく言う、といった行動があります。M機能に関するリーダーの行動としては、部下を公平に扱う、部下の立場を理解し、よい仕事をしたときは褒めるなどの行動があります。

　知識として理論を理解しているか。理論を自分のものとして主張しているか。その上で、成果を上げ、モラールの高い職場づくりをすることができるか。面接官は、このような視点で皆さんの回答を聞いています。

Q 71 命令一元化の原則

★★★

[質問] 現代社会は人々の価値観が多様化し、住民のニーズも複雑かつ高度化していると言われています。このような社会の中で、行政は迅速で的確な対応が求められています。そこで、あなたは、自治体の組織はどのようにあるべきだとお考えですか。

[回答] はい。現代社会のように、1つの問題が社会のいろいろな分野と複雑に絡み合い、また、それぞれの分野が高度化されている社会では、問題を分野ごとに専門的に研究、検討することが可能なスタッフ部門の充実が重要であると思います。

[質問] なるほどスタッフ部門の充実ですか。しかし、複数のスタッフがバラバラな方向を向いて研究しているようでは、的確な判断ができないのではないでしょうか。

[回答] はい。おっしゃるような面があります。しかし、複雑な現代社会の住民ニーズに対処していくためには、シンクタンク的な専門職組織が必要であり、さらに、それぞれの職能の専門家が責任者となって、目標達成のための判断をすることによって、より的確な対応ができると考えます。

[質問] 複数の専門的な責任者がいて、さらにその下に専門的スタッフがいるという組織であるとすると、命令の一元性が保たれず、命令の不統一による混乱が生じませんか。さらに、その事によって迅速性を損なうのではないですか。

[回答] はい。そういった面も考えられます。スタッフ機能の専門性とライン機能による統一性を併せ持った組織とする必要があります。

　私が課長であれば、迅速な判断をするためのラインの係長と、専門分野からの検討に基づく助言を得るための担当係長を配置し、いわゆるライン・アンド・スタッフの体制を整えたいと思います。これによって、組織全体として高度な職能を生かして、迅速な判断ができると考えます。

[質問] しかし、厳密には命令一元化の原則からはずれています。命令一元化の原則が破られれば、権限が犯されたり、秩序が乱れ、安定性が脅かされると言

> **回答のPoint** 原則を理解した上で現実的な対応を考える。

われています。あなたのお考えでは、こうした状況が生じる恐れがあります。それでも、スタッフ機能を導入しますか。

回答 はい。現代社会のニーズに対応していくためにはスタッフ機能は必要であると考えます。しかし、スタッフ機能を導入することにより、スタッフの助言とラインの命令が混同されて、組織の秩序が乱れたり、責任が不明確となったり、さらには、スタッフの主張が強くラインに干渉しすぎるといったデメリットを生じる危険があります。

私は、このようなライン・アンド・スタッフ組織の短所を克服するために、常に組織の状況や目標に照らして、事業の進捗状況の把握に努め、適宜、指導や指示をしていきます。

質問 分かりました。それでは、他にどのような組織原則がありますか。

回答 命令一元化の原則以外に、同じ種類の仕事はできるだけ1つの組織単位にまとめるという職務分配の原則、権限はできるだけ、その業務を担当する職員に委譲されるべきであるという権限委譲の原則があります。

しかし、組織原則はどのような場面にも適用できる絶対的なものではなく、原則の画一的な適用は避けるべきと考えます。

面接官の視点

命令一元化の原則に則ったライン組織は、責任と権限が明確なため分かりやすい面があります。しかし、今日のような複雑な社会にあって、適切な住民サービスを行っていくためには専門的スタッフの活用も重要です。

この事例では、はじめはスタッフ機能を重視しすぎた回答になっています。その後、質問に答えながら少しずつ修正してきていますが、できれば、先に結論を述べたうえで理由を述べた方がわかりやすいと思います。せっかくの知識がもったいない気がします。

Q72 スパン・オブ・コントロール

★★★

質問 管理者は多くの部下を統率して、成果を上げていかなければなりません。監督範囲についてどのように捉えて課を運営していきますか。

回答 一般的に、1人の監督者が効果的に統制可能な部下の人数は、10名前後といわれています。しかし、課長職の中には、担当課長制のようにごく少数の職員を率いて職務を行う職場から、50人以上の大所帯のところもあります。

私はいかなる条件の下でも、スパン・オブ・コントロールの考え方を適切に働かせ、組織の力を十二分に発揮するように課の運営を行っていきたいと考えています。

質問 部下の人数が多くて大変なら、課を2つに分ければよいのではありませんか。

回答 現在の深刻な財政状況の中では、少数精鋭で職務を遂行していかなければなりません。現に、どこの職場でも厳しい定数管理の下、最低限の職員数で頑張っています。

このような情勢で、管理者層を増やすという発想は、簡単に許されるものではありません。まして、監督範囲は一定不変ではありませんので、まずは各職場において、適正な運営方法を工夫することが先決だと思います。

質問 どのようにスパン・オブ・コントロールの考え方を適切に働かせるのですか。

回答 1人の監督者が適切に管理できる部下の人数には、一般的な説はあるものの、明確な基準が示されているわけではありません。監督者の能力や職務内容、性質によっても変わると思いますが、運営上の工夫により、監督範囲を広げることは可能であると考えます。

質問 では、具体的にどのように工夫してコントロールできる幅を広げていくのでしょうか。

回答 係長など部下に対する権限の委譲、担当係長の導入など執行体制の確立、業務遂行についての基準や手続の整備、OJTの活発化による部下の能力

> **回答のPoint** 監督する範囲は組織の職務内容などによって変わるものである。画一的に考えないこと。

開発などにより、大勢の職場でもきちんとした統制がとれるよう、運営上の工夫をしていきます。

質問 運営上の工夫をしても、一糸乱れぬ課運営をすることは大変難しいと思いますが、特に注意すべき点はどこでしょうか。

回答 バーナードによれば、組織の3要素は「共通の目標」「協働への意欲」「コミュニケーション」であるといいます。組織が大きくなればなるほど、この3要素を備えることが不可欠です。そこで私は、これを課運営の基本に据え、全員一丸となって職務に当たることができる体制づくりを進めます。

質問 では、具体的にはどのように取り組むのでしょうか。

回答 目標を共有化し、協働しようという気持ちを高めるためには、課内のコミュニケーションが最も大切です。私は週1回程度、時間を限定した係長会を定例的に行い情報交換を通して、目標や相互の理解を図ります。その際に出された意見や疑問にはていねいに対応し、各係長が係内で正確に情報提供し、円滑に係運営ができるように配慮します。こうした配慮によって、同じ目標にむかって一丸となって取り組む組織にしていきます。

面接官の視点

この質疑応答のポイントは、監督範囲を固定的に捉えずに、工夫次第で拡大していくことが可能であるという、受験者の前向きな姿勢です。この姿勢が貫かれていれば、どのような質問に対しても信念を持った答えができるものと思います。

また、組織論の基礎知識を織り交ぜながら、論旨展開をしています。このように、知識に裏打ちされた明確な主張は、面接官に好印象を与えます。逆に、知識ばかりズラズラ並べ立て、結局何を主張したいのかわからない回答は、マイナスにしかなりません。面接試験は、あくまで自分の考えを、相手(面接官)に正確に伝える場と心得てください。

Q73 目標による管理

★★★

質問 目標による管理とはどういうことですか？

回答 目標による管理の基本的な考え方は、「管理者が仕事のやり方や手順などの細かな事項に1つひとつ指示を出すのではなく、担当者自身に最終的にどういう結果を得るかを明確にさせ、執行段階での管理を担当に任せる」管理の手法です。

質問 仕事を進める上では、目標を定めることが重要といわれていますが、それはなぜだとお考えですか。

回答 組織の力を結集させ、最大限に成果を引き出すためには、組織目標を定め、構成員がその共通認識を持つことが欠かせません。私たち地方公務員は、「住民福祉の増進」という最大の目標に向け邁進していますが、日々の仕事をこなす際には、さらに身近な個別の目標により、進むべき方向性を具体的に確認していかなければなりません。こうした意味から、仕事を進める上では、目標を定めることが重要とされていると思います。

質問 あなたが課長であれば、自分の課の目標をどのように設定していきますか。

回答 まず、わが自治体の目標、部の目標を踏まえ、課の運営に関する自らの方針をつくります。そして、係長をはじめとする職員参加の場で、その方針を示しつつ、課と係の目標を策定するよう話し合っていきたいと思います。

質問 どうして職員参加が必要なのでしょうか。あなたが自分で目標を決めて、それを周知徹底すれば済むのではないのですか。

回答 管理職は職員に対し、仕事に受け身の姿勢ではなく、能動的・積極的に取り組むよう促すことが重要です。職員にとっても、与えられた目標で仕事をやるよりも、自らが考え定めた目標に向かうことで、モチベーションがより高まると思います。そのためには、職員参加による目標設定がぜひとも必要であると考えます。

> **回答のPoint** 上位の組織目標を達成するための各課の目標でなければならない。

質問 課長であるあなたが、方針を先に示してしまっては、職員はそれを押しつけられたものとして捉えませんか。

回答 私が示そうとしているのは、目標を策定する際の指針であり、決して職員の意見や発想を束縛するものではありません。ひとつの課を預かる管理職としては、何も方針がないままに、やみくもに目標を策定させるのはかえって無責任だと思います。最低限押さえるべきポイントを明確にし、目標に実効性を持たせるよう導くことが肝要です。

質問 目標により仕事を管理していく上での注意点は何だとお考えですか。

回答 目標が簡単にクリアできるものでは、仕事への動機づけになりませんし、現実的に考えて実現不可能なものでは意味がありません。肝心なのは、努力すれば達成できる一段高いところに置くことで、その設定に工夫を凝らしていきたいと思います。

また、一度設定したら、それを完全に固定化するのではなく、必要に応じて軌道修正をすることも常に考え合わせていかなければなりません。ただし安易に軌道修正することは避けなければなりません。

面接官の視点

管理職は、自ら仕事をするとともに、職員に仕事をしてもらう立場です。俗に「人を使う」と言いますが、管理職にはそのための環境を整え、組織を動かしていくことが求められます。目標による管理は、これを実践するための有効な手段になります。その際注意したいのが、事例のように、目標をどのように設定するかという点です。できれば職員の自主性・自発性を引き出すことが望ましいので、職員参加という方法は、広く普及しています。ただし、いくら自主性・自発性といっても、執行段階では職員に任せきりにしないで、節目、節目できちんと上位者がチェックし、アドバイスなどしながら管理をしていくことが必要です。

Q74 部下への権限委譲

★★★

[質問] あなたは管理職として、自分の職場の仕事にどのような心構えで取り組んでいきますか。

[回答] まず異動した直後の場合、とにかく新たな環境に慣れることを優先いたします。

次に管理職としては、短期間のうちに職務を把握することに専念いたします。さらに職務執行における問題点をいち早く見つけて、これに対処していきたいと思います。

[質問] 職場の中には、仕事の範囲が広く、職員数も非常に多いところがあります。このような場合には、なかなか管理職だけですべてを把握することは、難しいのではないですか。

[回答] スパン・オブ・コントロールという原則があります。その意味は、1人の管理者が監督できる範囲には、一定の限度があるという原則と承知しています。確かに、自分1人ですべて把握することはできませんので、係長との信頼関係のもと、連携を密にしながら、職務分析をし権限委譲が可能なものは少しずつ委譲していくことが必要だと思います。

[質問] 権限委譲をすると安心してしまって、あとは何もしないということでは困りますが、この点はいかがですか。

[回答] 部下に権限を委譲するということは、逆に定期的にフォローする仕事が増えるものと考えています。その理由は、委譲した仕事について、常に進行管理をすることが不可欠だからです。権限を委譲すれば、自分は関係ないという姿勢ではなく、情報を提供したり、適切な助言をするなどして、部下をフォローしていかなければなりません。

その結果として、仕事がうまくいかなければ、それは権限を委譲した管理職の責任であり、私は、厳しくこのことを自覚していく覚悟です。

[質問] 今の話とは逆に、権限を委譲したはずなのに、アレコレと口を出して、その職員のやる気を損ねるというケースをしばしば耳にしますが、あなたは大

> **回答のPoint** 職場の最終責任者は管理職である。権限委譲も管理手法のひとつであることを認識すること。

丈夫ですか。

回答 権限を委譲したからには、一義的にはその職員に委ねますが、管理職としての進行管理はいたします。しかし、それが過剰なものになってはいけないので、フォローに徹する姿勢を保ちたいと思います。

質問 先ほど係長との信頼関係という話が出ましたが、係長に任せるのには不安が残るけれど、その下の職員は信頼できるという場合には、係長を飛び越してでも、その職員に権限委譲をしますか。

回答 仕事は組織で行うことが基本ですので、属人的に権限委譲を行うことは好ましいことではありません。私は、こういう場合も想定し、あらかじめ権限委譲の基準を自分なりに整理し、ルール化することで、恣意によらない職場運営をしていきたいと思います。基準は極力職員に周知し、透明性を担保します。また、たとえ係長に不安があるとしても、職員を育てるという視点も持ちながら、権限を委譲していくべきだと考えます。

面接官の視点

部下への権限委譲は、管理職としてのひとつの決断といえると思います。これを実践するときには、組織にとっても、部下にとってもプラスになるという観点も必要です。仕事が大変だからとか、忙しいからという発想で委譲するというのでは、あまりに自分本位の論理になってしまいます。事例の受験者は、見識のある回答をしていますので、参考になると思います。

また、このテーマの中でスパン・オブ・コントロールのような管理理論を直接問うような質問はないと思いますが、進行管理、職員の育成とも密接な関係にありますので、こちらの相関関係も意識しておいてください。

Q 75 組織の3要素

★★★

質問 組織の3要素の意義について、お答えください。

回答 バーナードによれば、組織は、単なる人間の集団ではなくて、協働の関係にあり、人間の相互作用のシステムであると考えられています。組織には3つの要素が、必要かつ十分でなければならないと考えられています。すなわち、組織構成員の諸活動を方向づけ、統合させるための共通の目標。組織の目標に個人の努力を貢献しようという、協働への意欲。共通の目標と協働への意欲を持つ個人を結びつけ、それをダイナミックにする過程であるコミュニケーションです。

質問 共通の目標は、どのように設定されるべきでしょうか、お答えください。

回答 はい。組織目標は課の分掌事務によって、明らかである場合もあります。一般的には、管理職は課としての目標を決定し、係長会や職場会において職員に示すことにより、目標の共有化を図らなければなりません。また、できれば、組織目標を共有化した上で、職員参加により当課の組織目標を具体的にしていく過程を通じ、個人の目標が組織の目標にリンクするように設定されるようにしたいと思います。

質問 組織構成員の協働意欲を維持し高めていくためには、管理職は何をなすべきですか。

回答 組織が提供する効用、たとえば賃金、昇進などの「誘因」が、組織目標の達成に向けた各参加者の活動である「貢献」と等しいか大きい場合に構成員の協働意欲は維持されると考えられています。やはり、実績を残した者、組織に貢献した者が報われることを、職員に示すためにも、昇給や任用に反映していくべきであると考えます。

質問 管理職として、コミュニケーションの活性化を図るには、どのようにすべきですか。

回答 管理職は、日頃から係長や係員との間で報告、連絡、相談が定期的に行

> **回答のPoint** 理論を自分のものとして消化するため、具体例と結びつけておくことが必要である。

われるようにし、また係長会や係会を開催することにより組織目標や情報の共有化を図らなければならないと考えます。さらには、日常的な部下への声かけなどにより、部下が親しみやすさを感じられるようにしていかなければならないと考えます。そして、課内におけるコミュニケーションの活性化により、組織が一丸となって課題に取り組めるような体制づくりを行っていかなければなりません。

質問　管理職が、組織におけるコミュニケーションの面で果たすべき役割は、何ですか。

回答　管理職は、組織におけるコミュニケーションセンターでなければならないと考えます。自分が長である組織と自分がメンバーである上層の管理組織を結びつける役割があります。そしてコミュニケーション・ルート＝命令系統の一元化、明確化を図る必要があります。管理職は絶えずアンテナを張りめぐらして情報の収集に努めるとともに、部下が職務を遂行するにあたって有益となる情報を与えていかなければならないと考えます。

面接官の視点

回答が抽象的で、固い印象を受けます。面接は、知識の検証よりも、受験者の人柄、対応能力を知ることに重点をおいています。受験者の知識については、すでに昇任試験における筆記試験等で検証されています。この場合、組織論等課題の内容からやむを得ない面もありますが、できるだけ平易で具体的な内容で回答するよう心がけましょう。相手にわかりやすく話し、正しく理解してもらうことも、実際に管理職として職務を遂行する上で必要とされることです。管理職は、バーナードが唱えた組織の3要素について理解した上で、実際の職場において、どのように組織を活性化していくのか、その方策を考え、実行する必要があるのではないでしょうか。

Q 76 モチベーション

★★

[質問] 職場における「モチベーション」の持つ意義と、これに関する係長の役割はどこにあるとお考えでしょうか。

[回答] 私たちには誰しも、職場に貢献したい、いい仕事がしたい、自分の能力を発揮したいという欲求を持っています。これをうまく刺激して、実際の行動へ導くことが係長の役割になります。こうしたモチベーションの積み重ねが、職務内容の向上につながり、組織全体を活性化させることになると思います。

[質問] 残念ながら職員の中には、マンネリ化した仕事にやる気を失っている者がいます。こういう場合、係長としてどのような指導をしていきますか。

[回答] たとえ定型的な業務であっても、仕事には必ず改善すべき点や新たに開発すべき項目があるはずです。ですから私は、職員の問題意識を高めることから始めたいと思います。そのためには、職員の担当する職務内容を高度化したり、職域を広げるなどの工夫をしていきます。

また、与えられた仕事にだけ目を奪われるのではなく、それを基本に、組織全体の一翼を担っているという自覚を持つことが重要なことを指導していきます。

[質問] いくら指導しても、仕事に対するモチベーションに結びつかない職員がいる場合には、どうしますか。

[回答] いくら頭ごなしに「やれ、やれ」といったところで効果は望めないと思いますので、原因がどこにあるのかを探ることから取り組んでいきたいと思います。まずカウンセリングの手法で、その職員の話をじっくり聞きます。その上で、どうしたら原因を取り除くことができるのかを一緒に考えていきます。

[質問] それでも効果が出ないときはどうするのですか。

[回答] 私は、どんな職員も「やれば必ずできる」という信念のもと、できるまであきらめずに指導を続けます。職員が一生懸命やっているのに成果が出ないのは、指導する私の側に問題があると考え、指導方法にさらなる工夫を加えていきます。小さなことでもその職員の良いところを見つけほめてあげることな

> **回答のPoint** 人は意義や必要性がわからないと自ら行動しようとしないものである。

ども効果があると思います。

質問 たとえばどのような工夫をしますか。
回答 一生懸命やっているのに成果が出ないのは、どこかでポイントがずれているからだと考えられます。仕事の進め方を職員とじっくり分析し、問題点を発見した上で、改善策を検討していきます。

質問 職員の主体性を養わせるために、今後どのようなことを推進していきたいとお考えですか。
回答 係長として職員を指導することはもちろんですが、職員自身にも自己啓発の意欲を持たせていきたいと思います。

質問 「自己啓発の意欲を持たせる」とは、どのようにするのですか。
回答 たとえば、職場での勉強会・講習会の呼びかけ、研修への派遣など仕事そのものの研究から、行政全般の教養講座まで、いろいろな機会を提供し、本人の学ぶ意欲をサポートしたいと思います。これがひいては、より優れた職務遂行へのモチベーションにつながると信じています。

面接官の視点

> モチベーションは「動機づけ」と訳されているように、その役目は、行動に対するきっかけづくりです。係長はこのことを忘れずに、職員に対する適切な助言と指導をしていかなければなりません。職員を一人前として尊重しながら、必要なときにいつでも援助の手を差しのべられることが望ましいと思います。

Q.77 職員のモラール向上

★★

質問 職場集団のモラールについて、その意味をお答えください。
回答 集団の構成員がその集団の構成員であることに満足し、集団目標の達成に向けて積極的に努力している心理的状態をいいます。構成員のモラールが高くなるほど、組織としての能力が発揮され、最少経費で最大効果を得ることができるようになると考えます。

質問 職員のモラールを向上させる方法には、どのようなものがありますか。
回答 組織および個人の目標を定める方法、職務拡充を図る方法およびジョブ・ローテーションにより職務に変化を持たせる方法、小集団活動により仕事を進める方法などが挙げられます。

質問 では、職員のモラールを向上させるために、目標をどのように設定したらよいでしょうか。
回答 まず第1に目標設定に際し、職員に参画させ決定していくことで、職員各自に目標設定の意欲を生み出させます。第2に、集団のメンバーが目標達成への取り組み方を考えることが、職員の創意工夫を引き出します。第3に、目標の内容は、努力すれば達成される内容に設定されるべきです。

質問 先ほど回答された職務拡充について、その内容をお答えください。
回答 職務拡充とは、職務拡大、職務充実の2つの概念を含む内容です。職務拡大とは、職務の内容を量的に増やすものです。職務充実とは、権限の増加やより困難な仕事を担当するなど、仕事の質的な面を高めるものです。管理職は、職員の人材育成や職務満足のためにも、部下の事務分掌の決定や組織の業務計画を管理していく必要があると考えます。

質問 ジョブ・ローテーションの意義についても、あなたの考えを述べてください。
回答 職員が同一職務に長期間従事することは、職務が単純化し、マンネリ化するため職員に不満を生じさせます。その不満を解消するため、ローテーショ

職員のモラール向上　155

> **回答のPoint**　職員に仕事の面白みを感じさせることが動機づけとなる。

ンにより職務内容を定期的に交代することは、職務充実の一手段として意義があると考えます。しかし、職務分担の変更の結果、職員が意に沿わない仕事をさせられると考え、職務能率が低下する場合があることも留意する必要があります。

[質問]　仕事に対し逃避的になったり、責任を回避したがる職員に対し、あなたはどう対応しますか。

[回答]　まず職員の不満が何であるのか、じっくり話を聞く機会を作り、係長とも連携をとりながら、職員のモラールアップを図ります。マグレガーのXY理論の考え方にたち、職員の仕事に対する意欲を引き出すため、Y理論にたった人間への理解に基づき、組織目標と人間の欲求充足の統合をめざして、民主的リーダーシップを発揮したいと思います。

面接官の視点

　行政において、常に叫ばれることが、最少経費で最大効果を生み出すということです。そのためには、職員個人個人のモラールが向上し、それぞれが組織への帰属意識を高く持ち、職務遂行に邁進するようになる必要があります。管理職は、職場を活性化するにはどうすればよいか考え、絶えず方策を講じていく必要があります。現実の職場において、管理職のどのようなリーダーシップが必要であるかは、職員の資質や仕事の内容により異なってきます。リーダーシップといっても、最も重要なことは、上司と部下の相互理解であり、上司の部下への信頼でしょう。受験者の管理職としての考え方が、視野の狭いもの、一方的なものとなっていないかが問われています。その点から、質問6つ目の回答では、管理理論に終始した回答をしており好ましいものではありません。管理理論に裏打ちされた実践的な取り組みを管理職として回答できなければなりません。

Q 78 権限受容説

★★★

質問 権限受容説とは、どのような説のことですか。
回答 権限受容説とは、バーナードが定立した組織論で、組織において上司の命令が受容され、命令の意図にしたがって部下が行動して始めて管理者の権限(権威)が成立するという説です。

質問 部下職員は、上司の職務命令に従うことは**義務**なのではないのですか。
回答 そのとおりです。地方公務員法では、職員は職務遂行に当たって、法令、条例、規則等に従い、かつ上司の職務上の命令に従わなければならないとされています。しかし、人間は、自分が納得しない命令の場合には、進んで従い、命令どおり職務を遂行しようと思わないものです。いやいや取り組んだり、疑問を持ちながら仕事をするのでは、結果としても成果が上がらないものになってしまいます。

質問 上司の命令に対して、部下が受容しない場合とは、どのような場合ですか。
回答 上司の発する命令に対して、部下が受容しないケースは大きく2つに分類されます。1つは、意図的に従わない場合です。2つ目は、命令内容を理解できない場合や、部下の能力を超えた内容を指示したため従うことができないという場合です。

質問 上司の命令に対して、部下が受容しない場合で、意図的に従わないという場合は、どのような理由によるのものですか、**具体的に説明してください**。
回答 上司と部下との人間関係がうまくいっていない組織の場合が考えられます。上司がいくら命令を発しても部下が本気でその命令に従って、職務に取り組もうとしないというようなケースです。その他には、上司が組織目的と矛盾する命令を発する場合、命令が部下の個人的な利害と矛盾する場合や管理者としての能力が権限にふさわしくないと部下が判断する場合などが考えられます。

権限受容説

> **回答のPoint** 上司と部下の良好な意思疎通が重要。それによって成果も生まれる。

質問 今までの経験から、過去あなたの上司が発した命令で、これは受け入れがたいと思った指示、命令とその理由を答えてください。

回答 納税課に配属されたときでしたが、新たに赴任してきた課長が、とにかく差押えをしなさいとの指示を出されました。以前の上司は、市民の生活状態を勘案して、どうしても必要な場合にのみ、差押処分をしなさいとの指示であったため大変戸惑いました。

質問 その事例では、最後まで受容しなかったわけですか。

回答 その後、十分な話し合いが持たれました。従前の方法のままでは、収納率がなかなか向上しなかったので、これからは新たな施策として取り組もうという説明が丁寧になされ、組織全体の合意がとれたため、その指示に従うこととなりました。

質問 どうしたら上司として、部下に命令が受容してもらえると思いますか。

回答 私の納税課時代の経験からも上司がどのような意図で指示されたのか私を含め職員側に十分伝わっていなかったと思います。指示の目的、内容、理由に対して十分な説明があれば納得は得られるものと思います。そのためには、まずは組織目的を十分に浸透させることが必要で、その上で組織の中に話しやすい雰囲気をつくり、良好なコミュニケーションがとれるような場づくりをすることが大切かと思います。

面接官の視点

権限受容説は、アメリカ人の経営者であり、経済学者であるC.I.バーナードによって提唱された考え方です。権限受容説を端的に表現すれば、「指示・命令は聞いてもらって成り立つもの」ということになります。職員側にいかに理解してもらうか、また日頃から風通しのよい組織をつくっていくことも管理者としての役割であることを回答に加えてください。

Q 79 関係者調整編

★★★

<事例式面接の意義>

　面接試験における事例問題は、何のために出題されるのでしょうか。管理者が具体的な課題に遭遇した際、短時間にその問題点を整理し、どう対応していくのかという、管理職としての実践的な対応能力や手腕を試しているのではないでしょうか。

　その点で、論文試験との違いが明らかになります。論文試験の場合には、事前準備が十分でき、用意したものが出ることもしばしばあります。一方、面接試験では、課題を多角的に捉え多方面からの質問を受けることになり、予期しない質問がくることもよくあるものです。それらの質問にどう答えるのか、どう答えたらよいのか、短い時間の中で受験者は、頭をフル稼動させて答えていくわけです。十分準備していなければ慌てた姿を面接官にさらすこととなり、面接官にその資質、能力を見抜かれてしまいます。

　しかし、恐れることはありません。慣れることでスムーズに答えることもできていくものです。背伸びせず、あなた自身のことばで表現できるよう日頃から少しずつ訓練を重ねていただきたいと思います。

1　出題形式

　主任面接官が事例問題を2回程度読み上げます。受験生は、その問題につき1〜2分程度考える時間を与えられます。その間に事例問題のポイントをつかんで、回答していくというものが多いようです。メモを取れる場合は別途指示があります。

2　出題例

面接官　今から事例問題を読み上げます。2回繰り返しますので、よく聞いてください。そのあと1分間、考える時間を与えますので、内容を整理して答えてください。

> **回答のPoint** 課長として対応すべきポイントを的確に捉えることと、各方面への配慮が重要である。

（事例）A市では、市立B保育園を廃園とし、建物だけを民間の法人に売却し、保育園として運営してもらうことを決定しました。保護者への説明会も何度か行われました。その後、地元町会から地元の施設として、売却せずに使わせてもらえないかと市議会議員を通じて陳情が出て来ました。また、保育部長より、B保育園の職員につき分限免職できないか検討してほしい旨の指示がありました。あなたは課長として、どう対応しますか。

（1分間の考慮時間）

主任面接官 1分経ちました。それでは、お答えください。
回答 はい。この段階で、地元の要望への対応と保育部長への対応を早急にする必要があると考えます。まず、地元の陳情に介在した議員のもとへ伺い陳情の具体的内容についての事情を聴取いたします。また、併せて市としての考え方もお伝えし、市の保育行政の動向やB保育園のある地区における保育事情を説明し、今後とも協力を依頼します。次に、議員から聞いた事情を基に地元の町会長宅に伺い、事情を聴取して参ります。陳情の理由、代替策は可能かどうか、要望に関する地域の盛り上がりなどの様子を聞いてまいります。

さらに、保育部長には、分限免職の可能性については地方公務員法等につき調査の後、回答する旨伝えます。

面接官甲 市として決定した事項が地元からの陳情で覆ることはありますか。
回答 このケースに限っていえば、基本的にはないと思います。なぜならば、市としての決定は、保育園をなくすということではなく、運営主体を代えていくとするもので、保育需要は依然あるが、効率性、コスト面や運営の自由度などを勘案して民間へお願いするという決定を下したものだからです。その意味から、単なる市立施設の廃止ではないので、地元の要望があっても困難かと思います。

面接官甲 すでに決定したことだということで、地元の要望を簡単に切ってよいのでしょうか。今回は、議員を通じて陳情をしていますが、その点はいかが

ですか。
|回答| はい。地元の要望を簡単に切り捨てることはいたしません。地域で町会長さんに事情を聞いてみれば、その感触はつかめると思いますが、たとえば、地元の方々が利用できる公共施設が少なく、保育園をなんとか有効に利用できないかということだとすれば、工夫によって可能な方法もあると思います。ですので、地域の意向を慎重に検討する必要はあると考えます。

|面接官甲| 工夫の余地とはどんな場合にどうすることでしょうか。
|回答| たとえば、保育園を運営する法人と協定を結び、保育時間外の夜間・休日に地元に利用させることを織り込むというようなケースも考えられると思います。

|面接官甲| 先ほどあなたは、地元の町会長宅に行く旨お話しされていましたが、地元意向の調査は、町会長の意向を聴取することだけですか。
|回答| 本来は、地元の意向といった場合には、広く周辺住民の意向を調査すべく、説明会の開催やアンケート調査という方法も考えられます。しかし、このケースに限っては、保育園を民営化して存続いたしますので、地元として施設の内容が特に変わる所はございません。陳情の内容も町会長さんが集約していると思われますので、おおよそ十分かと考えます。

|面接官乙| それでは私からも質問いたします。保育部長のいう分限免職ですが、実際に可能ですか。
|回答| 分限免職をするための要件が、地方公務員法に出ていますが、すべての条文について覚えてはおりませんので即答することできません。ただ、定数の改廃により過員が生じた場合には、分限処分が可能だったような気がいたします。

|面接官乙| それではできるという解釈でよいのですか。
|回答| 理論的な問題では可能だと思います。しかし、B保育園に勤務する保育士がたまたま廃園予定の保育園にいたことで不利益を被ることは避けなければならないと思います。実務的にも、直営保育園は他にもあり異動も可能だと思われますので、このケースでは分限免職とする必要はないと思います。

関係者調整編　161

面接官乙　それでは部長には、分限免職とする必要はない旨答えるわけですか。
回答　いいえ、すぐにそのようには答えません。先ほどは私見をお話しいたしました。部長に答える場合には、条文等を調べることはもちろんですが、やはり法令解釈や関連事例などについても調べるために、庶務担当の係長に命じ法規担当のもとに行かせ、細かく調査するよう命じます。その答えをもって、部長に報告するつもりです。

面接官の視点

　今回は、保育園の廃園と民営化、それに絡んだ地元要望との調整、さらに分限処分の可能性という法律解釈の問題といくつかの問題が絡むケースでの事例問題でした。現実的にも、公立施設の新設・廃止には行政の意向と地元の思いが違ってくることがよくあります。地元もその地域としては賛成であるが、施設に隣接している住民が強硬に反対するケースなども見受けられます。
　この問題に関して、管理職として、陳情してきた方へすぐに対応することが大切です。よく内容を聴取しつつ市側の意向や地域の保育事情などの現状についても十分説明し、相手方にも理解を頂くことでその後の対応がスムーズに運びます。はじめにボタンの掛け違いをしないことが肝要です。
　次に、部長の質問ですが、専門的、技術的な質問を受けた場合には、軽率に答えることは慎みたいものです。専門部署への確認がぜひとも必要になります。その際に、自分で調査するのか部下に調査させるのかも示して答えると、回答がリアルになると思います。
　最後に、法律解釈などで即答できない場合については、あやふやなまま答えると、その点を突かれボロを出してしまうことになります。正直にわからない旨答えると場合によっては、面接官がヒントを出してくれることもあります。
　管理職の面接試験では、面接官を務めるのは部長以上の職にある方々です。面接官は、「この人物が自分の部下となったときに管理職としてその職務を全うできるか」と考えておりますので、あやふや、曖昧、不正確な答えや自信のない態度などは減点されると思ってください。課長といえども、すべてに精通しているわけではありません。わからないこともあるのは当然です。その際にどう対応するのかが問われると考えれば、即答できない質問への答え方も自ずとわかってくるものです。

Q 80 突発的な事故対応

★★
＜出題例＞

(事例) ある日出勤すると、先に出勤していた庶務係長が神妙な表情で電話応対をしていました。電話を切ると、庶務係長が課長席に来て報告するには、今の電話は警察からのもので、A係のB主査が昨夜、帰宅途中の電車内で痴漢行為をし、警察に逮捕されたとのことでした。B主査は40歳、家族は奥さんと2人の子どもがいる。普段は、仕事熱心でまじめな職員である。出勤してきた職員たちはこの話を聞きつけ、ヒソヒソ話をし始めた。

質問 あなたがこの課の課長であれば、どのように対応しますか。
回答 まず、庶務係長から詳しく状況を報告させ、現状を整理します。その上で、再度警察に確認する事項について庶務係長に調査を指示し、正確な情報把握に努めます。次に、直ちに係長会を開き、現状を報告するとともに、不正確な情報がうわさとして広がらないように職員の言動に注意するように伝えます。さらに、部長に報告し、職員課と今後の対応を相談します。

質問 事件が発生した場合、対応が遅れたことによって事件の重大さ以上に、住民の信頼を失うことがあります。部長に報告したあと、直ちに行うべきことは何でしょうか。
回答 はい。直ちに行うべきこととしては、第1に引き続き正確な事実の把握です。その他、公表するかどうかの判断の検討などがあります。しかし、課長が独断で行動したことによって、かえって組織的対応に混乱を生じさせ、住民の不信感を大きくさせる可能性があります。部長や職員課長、広報課長などと十分に協議して対応していきます。

質問 もっと積極的にB主査に対応しなくて良いのですか。
回答 犯行を認めているとのことですが、本人と直接面会して、本人から確認を取ることも必要かと思います。

質問 事件の内容が公表されると、それを知った多くの住民から非難の声が職

> **回答のPoint** 住民の信頼を回復する対応が求められる。

場に寄せられます。あなたは管理職としてどのように対応しますか。

回答　まず、係長会を開き、事件の顛末を報告すると共に、抗議の声には、このような事件を起こしたことを率直に謝罪し、信頼回復に努めるなど、住民対応の具体的内容を伝えます。また、職員が動揺して自分の仕事に手が付かなかったり、ミスを起こさないように特に注意を払うように指示します。次に朝礼などの機会をつくり、課員全員に対して、一丸となって信頼回復に向けて行動することを意思統一します。

質問　再発防止にむけて、どのように取り組みますか。

回答　このような事件で職員自身が失うものの大きさ、家族への影響、職場への影響などを内容とする事故防止研修を課員全員に対して行います。事件が発生する背景には、急に生活や規律が乱れるなど、兆候があります。身近な同僚や係長が気づき、相互に注意しあう職場環境づくりに努めていきます。

面接官の視点

> 　事故には、交通事故、服務事故や災害などいろいろな場合があります。この事例のように、酒に酔って起こす事件も目に付くようになりました。このような行為は住民の信頼を大きく損ねるものであり、管理職は日頃から予防に努めなければなりません。
> 　万一、事件・事故が起きてしまったときには住民の信頼を回復するために的確、かつ誠意のある行動が大切です。
> 　ちなみに、痴漢行為の場合、反復性が強く警察も厳しく対応すると言われています。被害者も職場への連絡を望むようです。懲戒処分の対象となりますので、日頃から十分に職員指導を行っていく必要があります。

Q.81 利害の調整

★★
<出題例>
（事例）ある日、ある市議会議員から課長席に直接電話がかかってきました。その内容は、Aさんは地域の有力者で、先代からごみの集積所を家の前に設けていた。しかし、今度家を建て替えることになり、この機会にごみの集積所を移して欲しいとのことであった。何度か担当の職員に要望したが、近所で話し合って決めて欲しいというばかりで埒があかない。Aさんは絶対にもう家の前には置かせないといっている。このままでは地域の問題になるので、早く役所で対応して欲しい。というものであった。

質問 あなたが担当の課長であれば、どのように対応しますか。
回答 ごみの集積場所は、従来から隣近所の人達同士の協力と理解で決められたものです。是非とも、もう一度地域の皆さんで話し合って決めていただきたい旨をお願いします。

質問 既に、何度か試みてそれでも上手くいかないので議員に相談したのではないでしょうか。今のお答えでは解決に向かっていないように思いますが、いかがでしょう。
回答 はい。失礼しました。そのとおりです。ことば足らずで申し訳ありません。ごみの集積所のように生活する上では必要ですが、誰もが自宅の前に置きたくないといったものは、役所からココに作りなさいというわけにもいきませんので、地域の皆さんの合意で設置するという前提は変わりありません。しかし、なかなか合意形成ができていない場合には、利害を調整し、問題解決に向けて、助言やアドバイスをしていかなければならないと考えます。そのためには議員が捉えている状況や問題点をお聞きした上で、問題解決に向けて助言やアドバイスする立場で取り組んでいくことを伝えます。しかし、最終的に近隣の合意がないと難しい旨を伝え、役所の立場も理解していただきます。

質問 助言、アドバイスするということですが具体的にはどのように進めていくのですか。

利害の調整　165

> **回答のPoint**　利害の調整は住民同士の合意を促進する立場で行う。

回答　はい。直ちに担当職員をA氏宅に向かわせ、A氏の主張を十分に聞き取ると共に、近隣の状況も把握させます。その上で、問題点を整理して妥協点を探り、集積場所を定期的に移動するなど解決策の立案を担当職員、係長に指示し、その結果を持ち寄って話し合いの場を設定します。

質問　ごみの問題は毎日のことです。そんなにゆっくりと取り組んでよいのですか。もっと積極的に指導するようなことはしないのですか。
回答　はい。集積所の問題はできる限り近隣の方同士の合意と納得で設置することが大事だと思います。無理に押し付けたようなことが少しでも残ると、後々それが問題として噴出する可能性があります。その点で問題解決にはある程度の時間が必要です。その間はAさんに多少時間がかかることをご理解していただいて今の集積所を使わせていただきます。

質問　そう長くそのままというわけにはいきませんよね。
回答　はい。そのとおりです。段階を踏みつつも遅滞なく、すみやかに合意形成に努めていきます。

面接官の視点

> 　利害関係の調整は一歩まちがえると、さらに問題が拡大してしまうことがあります。役所の立場だけからものを言うのではなく、問題が生じている背景や周辺の状況を把握し、理解した上で、解決策を練らなくてはなりません。
> 　とはいえ、行政側から指導や指示のできないことも数多くあります。そうした場合には、行政のできる範囲を明確にした上でできる限りの助言などを行っていく必要があります。
> 　また、議員が間に入っている場合は、議員への配慮、報告などは速やかに行うことも大切です。

Q 82 手を焼く職員

★
<出題例>
　(事例) 今まで経験のない職場に、新任の係長として配属されました。この係は、5年目のベテランB主任と2～3年目の職員8人で構成されています。
　B主任は、職務に関する法令や事例をよく勉強しており、住民や同僚の質問にも論理的に説明しています。1ヶ月ほど過ぎたある日、B主任が窓口で住民と口論を始めてしまいました。あなたは直ちに仲裁に入り、B主任に代わって住民Cさんの対応をしました。Cさんがいうには、B主任はことばは丁寧だが、住民を馬鹿にした言い方をするので不愉快でたまらない。今日は腹の虫がおさまらず大声を出してしまった。係長さんに話をしてすっきりしたので今日はこれで帰るが、あの職員は何とかして欲しい。とのことであった。

質問　今後、あなたは係長としてどのように対応しますか。
回答　はい。Cさんが帰った後、直ちにB主任を別室に呼び、Cさんの話を伝えます。特に、話の内容が正しくとも態度が横柄であったり、慇懃無礼であれば、住民は不快感を感じるので、その点はよく注意するように指導します。

質問　一度注意しただけで改善される問題でしょうか。Cさんに、同じような対応を繰り返していたのではないですか。
回答　はい、B主任に当面の注意をした後、直ちに前任の係長をたずねて、B主任のこれまでの様子を聞き取ります。あわせて前任係長の指導や対応もお聞きし、今後の参考にします。

質問　前任係長から、今回と同じように窓口でのトラブルを繰り返していたと聞かされた場合、あなたはどのような姿勢でB主任に指導をしますか。
回答　はい、1つにはB主任は職務知識も十分にあり、係にとってのキーパーソンです。その点では信頼している旨を伝え、評価できる点は率直に評価し、正すべき点は正していく姿勢をもちます。2つ目には、B主任の主張にもよく耳を傾けます。一方的な指導では、B主任の納得を得られない可能性があります。よく話を聞くことでB主任との信頼関係を築き、こちらの主張が受け入れ

> **回答のPoint** 面接官に粘り強さを伝えることが大切。

られる素地をつくり、B主任自らが改善するように指導していきます。

質問 自ら気付いて改善していくのであれば理想的ですが、現実には簡単に変わることは難しいのではないですか。
回答 おっしゃるとおり、自分も含めて、人はなかなか自分を変えることができません。しかし、粘り強く対応することで少しずつ考え方や態度を変えていくことができると考えます。

質問 具体的には、どのように行うのですか。
回答 はい、今回のトラブルを契機にB主任とは定期的に意見交換する場を設けます。その際には、評価すべき所は積極的に評価し、改善するべき点も率直に指摘します。その上で、本人が改善しようと思う所から、改善の方法も提示して少しずつ変えるように努めます。具体的には、接遇の基本的態度や言葉使いの例示など、かなり実践的な内容を示していきます。

質問 係長として、相当の忍耐力が必要ですが、大丈夫ですか。
回答 はい、住民の信頼を得るために必要なことであれば、粘り強く対応していきたいと思います。

面接官の視点

> 職員はよい仕事をするために、日々自己研鑽をしていると思います。しかし、ときには自己研鑽の方向が間違っていたり、偏っていたりする場合があります。係長はそうした現状に早く気付き、職員自身で改善するようにしむけていかなければなりません。そのためには、かなりの努力と忍耐強さが求められます。この事例では、面接官はそうした決意や姿勢、具体的方策について確認しています。みなさんも力強く答えられるように準備してください。

Q83 窓口トラブル編

★★★

<出題例>

（事例）A主任は入庁して15年、かつて経験のある現在の職場に戻ってきて3年になる中堅の職員です。勤務態度は真面目であり、現在の仕事については熟知しています。

4月に着任したB係長は、そのようなA主任を信頼し、仕事については安心して任せていました。

3ヶ月を過ぎたころから、B係長は窓口で、小さなトラブルが頻繁に発生していることに気がつきました。そんなある日、A主任が柔軟な対応を求めるお客さんと口論になり、結局その方は不満を口にして帰ってしまいました。

B係長はA主任を呼んで事情を聞きました。しかし、A主任は、自分の対応に絶対の自信を持っており、住民の方が間違った主張をしているといって、譲ろうとしません。また、他の職員もA主任の対応を応援する様子です。

質問 この事例を通して、B係長の問題点を挙げてください。
回答 第1に、A主任に仕事を任せきりにしており、放任状態のままにしていることです。第2に、窓口でトラブルが頻発していると気づいていながら、何も是正措置をとっていないことです。第3に、A主任が住民と口論になった際に、直ちに仲裁に入っていないことです。

質問 それぞれが問題だとする理由は何ですか。
回答 第1点目は、どのような組織にもそれぞれ組織目標があり、その目標を達成するため計画を立て、実行に移しています。任せきりにしているということは、A主任に組織の目標を十分に認識させていないと考えられます。特に、窓口職場においては、トラブルは避けて通れない課題となっています。そのために、あえてトラブルの発生を最小限に抑えることを、係の目標として掲げなければならないと考えます。その点で、B係長は現状把握が不十分であり、明確な目標を掲げていません。

第2点目については、些細なトラブルが多く発生している背景には、職場全体で住民の意向に沿わない対応をしていると推察されます。B係長は、小さな

> **回答のPoint** 基本的な管理理論を知っておくことで的を射た応答ができてくるはず。

トラブルが頻発していることに気がつきながら、その原因や理由を探ろうとせず、現状を放置してしまいました。B係長は、住民サービスの視点を十分に認識していないと考えられます。B係長は、問題の根深さに早く気づき、改善していくための行動を、迅速に起こさなければならなかったと考えます。

　第3点目は、住民の信頼を失いかけている場面で、B係長は状況を放置してしまいました。トラブルが解決されないままということは、住民の信頼は失われたままであるということになります。1人の住民であっても信頼を失うことは、住民と協働して、住民本位の行政を進めていく上で大きな障害になりかねません。1人でも多くの住民に、さわやかで、気持ちの良い対応をすることは窓口業務の基本であり、その積み重ねの中から深い信頼関係が築かれていきます。

質問 あなたがB係長であれば、どのように対応しますか。

回答 はい。まず、着任後すみやかに課長の方針を受けて係の組織目標を定め、係内での共有化を図ります。この事例の場合、A主任をはじめ職員の職務知識は十分にあると思われますので、丁寧で迅速な窓口対応を目標として提案し、係会の議論を通して、係の目標を共有化していきます。その際には、これまでのトラブルの発生状況を、係員の情報から把握します。その上で、具体的にトラブル発生の50％削減などの数値目標を定めます。

　第2に、小さなトラブルといえども何度も発生している場合には、直ちに職員から事情を聞き、係長として状況の分析を行います。係長として改善点を明らかにした後、係会を開き、係員とともにトラブル事例を分析しながら改善策を提案します。こうした過程を通して、改善に向けた係員の意欲を引き出し、モチベーションを高めていくことによって、目標の達成に向けて行動する職員の育成に心がけます。

　第3に、目の前でトラブルが発生している場合には、直ちに係長として間に入り、まずは、住民の主張を十分に聞くように努めます。その上で、お詫びする点は素直にお詫びし、改善すべき点は改善を図る旨を伝えて、住民の理解を得るように努めます。

[質問] 係としての組織運営上の対応は分かりました。一方で、A主任に対してはどのように対応するのですか。

[回答] はい。たとえ、こちらの説明内容が正しくとも、また、住民の主張が法や制度に合っていない場合であっても、住民を怒らせてしまっては市の信頼を失うことになることを説明します。

無理なことを言われても、主張を良く聞き信頼を失わないように接していくことの大切さを粘り強く説明します。

[質問] なるほど。しかし、職員にはいろいろな考えがあり、あなたの説明がそのまま受け入れられるとは限りません。その点で、あなたは係長としてどのようなことに気をつけますか。

[回答] はい、職員のプライドを傷つけないように注意します。特に、A主任のように仕事に精通し、他の職員の信頼もある職員と接するときには十分に注意します。具体的には、職員の意見をよく聞き、良い点を伸ばしながら改善を図るように努めます。そのためには、係長から一方的に指示するのではなく、A主任自らが改善点を見つけ出し、実行できるような姿勢で対応していきます。

2つ目には、職場全体の雰囲気づくりに気をつけます。明るく、和やかな雰囲気のある職場づくりは、お客様を温かく迎え、さわやかな印象をあたえる職場づくりであり、また、職員同士が素直に意見交換し協力し合える土壌ともなります。

私は、係長として係全体に目を配り、職員の力を引き出しながら成果を上げるように努力したいと思います。

面接官の視点

この事例は、第1に、組織目標を達成するために、仕事のできる職員をいかに育てていくか、第2に、係内のモラールをどうやって高めて成果を上げるかといった点が問われています。しかし、ともすれば、A主任がトラブルを起こし、住民が帰ってしまった場面が印象に残ってしまうため、そこだけを捉えた答えになってしまいます。それでは問題を表面的にしか捉えていないことになります。問題は根深く、気がつきにくいところにあるのが常です。

では、このような事例の問題点を的確に捉えるためには、どうすればよいのでしょうか。まずは、マネジメントの基本理論をしっかり勉強しておく必要があります。プラン（PLAN）、ドゥ（DO）、シー（SEE）のマネジメントサイクルなどを頭で理解するだけでなく、実践の中できちんと身につけておく必要があります。次に、あなたの周りにいる係長の様子を観察してみてください。問題が生じた場面でどのようなことに気遣い、何を重視して判断しているかといった係長の視点がよくわかると思います。

　最後に、この事例では順を追って、丁寧な質問になっています。しかし、実際には順を追って質問されるとは限りません。問題点、原因、解決策を常に考えるように心がけてください。

Q.84 新規事業編

★★
<出題例>

（事例）あなたは、福祉関係のある課の係長です。ある日、課長に呼ばれ、「福祉事業の充実を図るため新規事業を立ち上げる。ついては、あなたの係で担当してほしい。この事業は市長も期待しており、地域住民の関心も高い。係の現状は理解している。人員増は難しい状況であることは分かってほしい。よろしくお願いしたい。」とのことであった。

質問 この係は、現状でも忙しく、一人ひとりの係員は不平も言わずに業務に取り組んでいます。あなたならこの新規事業にどのように取り組みますか。
回答 まず、新規事業を立ち上げるに至った経緯を押さえ、新規事業の必要性やねらいについて自分自身が十分に理解するように努めます。その上で、係の目標や人員配置案を作成します。次に、係会を開き、目標と体制の理解の共有化を図ります。その際に、係長として、何が何でもこれをやり遂げるという強い決意を係員に示します。

質問 決意だけでは、実際にはうまく進められないことがあると思います。決意以外に何が必要でしょうか。
回答 確かにおっしゃるとおりです。決意の裏づけとなる見通しが必要だと思います。そのために、いつまでに何をするのか、その結果、どのような効果があるのかを検討しておきます。さらに、阻害要因とその回避策を検討し、当初の目標が達成できるように計画を立てます。

質問 係員のなかに、新規事業の実施に消極的で、参画しようとしない者がいる場合には、どのように説得しますか。
回答 本人を呼んで、なぜ消極的な態度なのかを率直に聞いてみます。もし、情報が不足しているのなら、新規事業の重要性を改めて説明し、理解を得ます。意見の違いから新規事業に反対であるなら、その意見で取り入れられる部分は係会などで諮りますが、組織で決定したことは守ることが基本であることを諭します。

新規事業編　173

> **回答のPoint**　目標を達成するためには、十分に練った計画が必要である。

質問　係長主導でグイグイと引っ張っていくことも大切ですが、あまり押しつけの姿勢が強いと、逆に係員がついてこないのではないでしょうか。
回答　緊急度が高い場合や部下に任せる時間的余裕がまったくない場合などには、係長が権威的にリードしていくことが必要です。しかし、多少でも余裕のある場合には、係員の主体性を重視した係運営をしていきます。私は、係の目標や体制の共有化に努めた後、各人ごとに個々の目標や計画を立ててもらいます。必要な権限は委譲し、責任を持たせて仕事を任せます。その上で、きちんとした進行管理を行い、目標の達成にむけて全体を引っ張っていきます。

質問　人員措置もないままで職員の意欲を維持できるのですか。
回答　現状の事務事業を優先度、重要性などの観点で精査し優先度の低いものは、後に回すか廃止を検討します。また、業務プロセスの改善で対応できるものは、大たんにプロセスを変えていきます。さらに、新規事業の必要性を自信をもって強く訴えることで、職員のモチベーションを上げていきます。

面接官の視点

　新規事業は、ともすれば仕事が増えるということで敬遠されがちな傾向にあります。したがって、係の中でも諸手を挙げて歓迎されるとは限りません。そんな状況であっても、ひとたび決定した仕事なのですから、どのように係員すべてに当事者意識を持って取り組んでもらうかが、係長の腕の見せどころです。
　そのためには、自分自身が事業の必要性を理解し、やる気になることが大切です。新しい仕事は、やればそれなりの面白さがあるのですから、やりがいという観点から係員にアプローチするのもひとつの方法です。
　係員の自主性・自発性を尊重し、それを引き出す努力をすることが、成功への鍵になります。

Q.85 上司からの下命の伝え方

★★

＜出題例＞

（事例）　1月のある日、A係長は課長に呼ばれ、「昨日、改正された法律の省令、規則がようやく決まった。4月からの事業実施が円滑に行えるように、また、市長に2月末までに報告できるように準備を急いでほしい。」との下命を受けた。A係長は自席に戻り、課長から受け取った資料を読むと、これまで準備してきた内容と違っている箇所が多いことが分かった。修正するには、相当な作業が予想され、期限までどうやってまとめていくか、暗たんたる思いにつつまれた。

質問　あなたがA係長であれば、どのように対応していきますか。
回答　準備してきた内容が急に変更になり、短期間で修正していかなければならない状況で、一番気をつけなければならないことは、職員のやる気を失わせないことです。苦労して作り上げたものを作り直すことは、職員にとって辛いことです。

質問　おっしゃるとおり、職員のやる気を失わせないことは**重要**です。そのために、あなたはどのような手をうちますか。
回答　課長の下命であることを踏まえて、職員の気持ちにも配慮しながら、修正作業の必要性やその内容をていねいに説明し、納得を得るように努めます。
　具体的には、第1にこれまでの準備作業に感謝するとともに、第2に、事実として準備してきた内容と変わってしまったこと、第3に、住民に混乱や不利益を与えないために4月の事業の実施は避けられず、そのためには2月末までにまとめ上げなければならない旨をていねいに説明していきます。

質問　気持ちの面ではやる気になったとしても、**現実にやりきれる見通しがたたなければ、職員は納得しない**のではないのでしょうか。
回答　はい、ある程度、気持ちの上での整理をつけたところで、次に、今後の見通しを示します。修正しなければならない箇所や修正の方向性など、作業の内容を具体的に示し、さらには、2月末までのスケジュールを提示します。係

> **回答のPoint** リーダーとしての見通しをしっかりと持つ。

員の意見を聞いて、修正した上で、当面の作業日程を明らかにします。
　このように、取り組まなければならない状況や目標を達成する見通しを示すことによって、係員にやる気と安心感を与え、前向きな気持ちが持てるように行動していきます。

質問　そうは言っても、実際に膨大な作業量があるとすれば無理な面でも出てくるのではないですか。
回答　実際に作業上の無理がでてくるようであれば、早めに他の係の応援を得たいと思います。そのためには、他の係長に対しても事業の必要性、緊急性を訴え、自分の係の状況も誠実に伝えていきます。

質問　職員からは課長に対する不満や不平も出てくると思われます。あなたは係長としてどのように対処していきますか。
回答　係長は課長の補佐役であることを踏まえて、改めて、事業の必要性、期限に間に合わすことの重要性を伝えていきます。その際には、一方的に主張するのではなく、係員の気持ちもある程度理解する姿勢が大切であると思います。共感する姿勢をもたないと、こちらの話も聞き入れてくれないと考えます。

面接官の視点

> 　目まぐるしく法律や制度が変化する時代には、その状況に応じて迅速に対応していかなければならない場合があり、組織力の強弱が問われます。
> 　職場の最先端で事業を進めている係長の役割は大変重要です。そうした役割と立場を十分に認識し、何を今求められているのかを理解し、行動する力が求められます。準備をせずに、面接の場でうまく答えようとしてもなかなか適切な回答にはなりません。場面を想定して、自分であればどのように判断し、行動していくか、考えておきましょう。

Q.86 保育園　事故編

★★
＜出題例＞

（事例）新任の園長として赴任した保育園は、落ち着いた住宅街に位置しています。園児の親は、フルタイム勤務者が多いようです。市では、延長保育や休日保育など、親の希望に沿って保育サービスの拡大を図ってきました。特にその園では、両親共にフルタイム勤務者が多いことから、延長保育は常に満杯状態です。赴任2日目の夜、延長保育時間中に、保育士が3歳児のトイレの介助をしている間、手薄になった部屋の中で、子ども同士がけんかとなり一人の園児が怪我をしてしまいました。担当の保育士がお迎えに来た母親に事情を説明したのですが、「保育園の管理体制について園長から直接説明して欲しい。」と言われ、怒った様子で帰ったとの報告を翌朝受けました。延長保育を担当した保育士は、トイレにかかりきりとなり、保育体制が手薄だったと話しています。彼女の「私たちも精一杯やっています。これ以上は無理です。」との訴えも聞いています。親も権利意識が強くなって、子どもの怪我などにも敏感に反応することも多くなってきています。

質問 このような状況の中で、園長としてどのように対応していきますか。
回答 まず、園児の親は、園長に対して直接説明して欲しいといっています。すぐに、説明をするかはともかくとして、園長自身も、事実の正確な把握が必要です。また管理体制について、園としての考え方を説明できるようにしておく必要もあると考えます。そのため、どのような状況の中で、その怪我が生じたものであるかについて事実の把握に努めます。その上で、どこに問題があって怪我に結びついてしまったかを担当した保育士と考えます。

質問 保護者へは、どのように説明するのですか。
回答 把握した事実を正確に伝え、率直にお詫びします。管理体制についても、同様なことが起こらないよう、改善に努めていくことを誠実に伝えます。

質問 保育園ではそのようなことはよくあることなのでしょうか。
回答 保育園は、集団生活であり、多くの子どもたちの活動の場であり、些細

> **回答のPoint**　誠意ある事後対応と迅速な改善。

な事故や怪我はよく起こります。私たち保育士にとって大切なことは、そのような場合に適切な事後対応と説明をきちんとすることです。また、日頃から、保護者との信頼関係を構築しているかが問われてきます。信頼関係がしっかりできていれば、多少の怪我で、苦情となることは多くありません。

質問　子どもたちに対しては、どのような対応が求められますか。
回答　怪我の程度によりますが、ある程度以上の怪我の場合には、近隣の医院での治療を指示します。それは、保護者への説明という点からもそのような判断をいたします。また、小さな事故や怪我をきっかけに危険回避能力を養う機会としていくこともできます。事故を恐れ、のびのびと遊ぶことができない保育園では、子どもたちも窮屈ですし、保育士たちも萎縮してしまいます。

質問　園児の怪我や事故を危機管理という視点で見た場合、園長に求められるものは何ですか。
回答　事故、怪我は園長にとっての危機管理能力が問われる場面です。園長には、2つの役割があります。1つは、事故や怪我が起こった場合の事後対応の判断です。事故や怪我の大小を見分け、適切な処理の指示、親への連絡の必要性、その後の説明などについて判断します。2つ目は、園の職員に対する日頃から危機意識の醸成です。危機意識が根付いていれば、怪我が起こりそうな場面の想定ができ、職員配置や体制など事前に策を講じることもできます。危機意識を持たせることは一朝一夕にはできませんが、園長が常に意識を持たせるよう、職員会や日常の場面をとらえて伝えていくことが大切だと思います。

面接官の視点

> 園長は、園の最高責任者です。保育士の立場から管理者の立場に意識変革ができているかを面接では問われます。最新の保育動向の把握、保護者・地域との関係、管理者として職員・上司との関係を整理しておいてください。

Q 87 保育園　サービス拡大編

★★
<出題例>
（事例）あなたが新任の園長として赴任した園は、駅に近く、通勤に便利だということで人気のある園です。園児の親にも、比較的評判がよく、その園に入れた親は他園の親からうらやましがられているとのことです。

　赴任して早々に、中堅の保育士から、園長に勤務体制のことで話をしたい旨の申し入れがありました。話を聞いたところ、保育サービスの拡大がされるに連れ、勤務体制がきつくなっていること、前任の園長の園運営に対する不満、行事がマンネリ化していることの3つの訴えがありました。確かに、外からの評判とは裏腹に、職員間での勤務体制はきつく、シフト勤務により、伝達事項などが伝わりにくくもなっております。また、有給休暇なども取得しずらい状況にもあるようです。

質問　このような状況の中で、園長としてまず手をつけていくことは何ですか。
回答　前任の園長との引き継ぎの中で、園の特徴、行事の進め方などをしっかり聴取したいと思います。

質問　中堅の保育士からの申し入れについてはどのように思われますか。
回答　赴任して早々に、私へ申し入れをして来たということは、園長の交代をきっかけに現状を何とか打開したいと考えた上での訴えかと思います。同じような考え方を持っている職員が1人とも思えませんので、時間をかけて今までのやり方を検証する機会を考えたいと思います。

質問　職員1人が訴えてきたことで今までのやり方をすぐに改めるのでしょうか。
回答　それは、職員の訴えの内容によると思います。今回のケースでは、3つの訴えがありました。訴えて来た本人の話の中で、他の保育士の様子や、保育記録その他の資料の読み込みなどもしながら、ある程度把握できると思います。その上で、今までの経験も踏まえ、先入観を持たず、私自身が判断いたし

保育園　サービス拡大編　179

> 回答のPoint　まずは現状把握、その上で前向きな姿勢を。

ます。

質問　一方で今までのやり方が良いと考えている職員もいると思われますが、その点についてはいかがですか。
回答　確かに今までのやり方は、経験を積み重ねてきた延長上にあると思います。ただ、私は今までのやり方を否定するつもりで、検証をしようとしているわけではありません。日常の職務をこなしているとどうしても立ち止まって職務の進め方などが最適なのか、あるいは流されて行っているかなどを考える機会がありません。業務をチェックする機会を持ち、自分たちが主体的に物事を考えられるようにしたいという思いで職員とともに取り組みたいと考えます。

質問　赴任した園では、若手の保育士がいる一方、あなたよりも年上の保育士もいると思いますが、年上の保育士へはどのように対応されますか。
回答　ベテラン保育士は、長年保育現場で身につけてきた知識や経験において私よりも優れた点を持っている方も多いと思います。一方で保育所保育指針が変わる時期を迎え、新たな知識の吸収などについては躊躇する傾向もあります。ベテランとして見習うべき点と新たな知識の吸収や園全体の運営という点でメリハリをつけ、私が状況に応じたリーダーシップを発揮していきたいと思います。

質問　保育サービスの拡大が、個々の保育士へのしわ寄せだとする考えもあるようですが、あなたもそのように思われますか。
回答　いいえ、必ずしもそうは思いません。今までどおりの仕事の進め方をしていてよいのかと考えます。その上で、業務内容の見直しなどが図れないか分析いたします。仕事には創意・工夫が必要であり、足元を見直すことで負担感を減らすことは十分可能かと思います。

質問　保育園に入れない待機児もまだかなりいるようですが、入っている保護者にだけサービスが拡大される点については、公平性にかける点はありませんか。

[回答] 確かに、保育園に入っている方にとってはサービスが拡大し、入っていない方と比較してバランスを逸している点があるかもしれませんが、待機児解消に向け、保育課で取り組んでおります。私にできることは、地域支援として在園児以外のお子さんたちの支援がどのようにできるかについて、保育課と連携しながら進めていきたいと思います。

[質問] 保育園の保護者の要求は、拡大傾向にもあろうかと思われますが、やはり一律のサービス拡大をすべきですか。
[回答] 保護者の要求は、拡大傾向にもあることは事実です。ただ、すべての保育園で一律のサービスを提供するのでなく、フルタイム勤務の親の多い地区と、そうでない地区では対応に変化をもたせても良いかと思います。実際、長時間預かってくれるから、特定の認証保育園を選んでいるという方もおります。公立の場合にはなかなか差をつけられませんが、そのような視点は必要かと思います。

[質問] 話を職員に戻しますが、あなたが園長として、中堅職員の話を聞いた結果、職員間で溝が生じてしまったような場合にはどうされますか。
[回答] まず、そのようなことが起こらないよう、事前に主だったメンバーに声掛けし、様子を把握します。その上で、対立感情を生じないように話をもっていきます。

[質問] 具体的にはどのように進めるのですか。
[回答] 対立感情が生じた原因を探ります。主にはコミュニケーション不足による誤解のケースが多いのではないかと思われます。まず、各職員と個別の面談の機会を持ちます。その中で、個々の職員の考え方を聴き、問題点を把握した後、職員会等を開催するという順序で改善を図ってまいります。

> ### 面接官の視点
>
> 今回は、園長交代時に若手職員の申し出をきっかけにして園運営をどのように進めていくかという内容でした。
>
> 上司の交代は、色々な意味で組織を変えるきっかけになると思います。その際に、新任の園長が、早急にこの園を自分が変えてやろうとあまり気負いすぎないようにしてください。現状の把握をしっかりとした上で、どうすべきかと考えるようにしてください。また、園がもっている組織風土というものもありますので、その辺は、今までの経験、あなたの目と感性を大切にして見極めてみてください。
>
> さて、新たに園長になる方には、必ず以下のような問題がついてくると思います。
>
> 1つは人材育成です。年齢構成が高くなっており、自分よりも年上の保育士、ベテラン職員がおります。保育技術には自負を持っている方も多い中で、その方たちへの対応です。また、これから伸びようとする若手・中堅の育成も大切です。
>
> 次に、新たな保育需要への対応です。保育所保育指針が改定され、子育て環境の変化、保護者支援、地域の中での保育園の役割など新たな対応を求められています。今まで培ってきた知識・経験にさらに新たな動向への対応を求められますが、経験のないことにチャレンジするということは、大きなチャンスでもあります。若手もベテラン保育士もその点では同じスタートラインに立っています。保育園の運営は園長の色が出るといわれております。園長が新たな意識を吹き込む原動力となってください。面接官として、チャレンジしていこうとする受験者、前向きに考える受験者と、現状維持、前例踏襲で何とか運営しようとする方とがいた場合にどちらに加点するかは自明の理です。

Q88 専門職係長の対応

★★★

<専門職の面接について>

　昇任試験はすべての職員に開かれているとはいえ、実際には試験科目などを見れば事務系の職員に有利に作用していることは否めません。事務職・専門職の係長（園長）昇任試験で、試験区分においてどのように配慮されているかについては、各自治体によって異なります。一般的に、択一形式の試験には、地方公務員法、地方自治法、行政法などが必須科目となっています。論文のテーマについては、複数示され、専門職用のテーマも用意されていることもありますが、面接ではマネジメントについての共通性もあるため、特に事務職、専門職を分けて行う例は少ないようです。

　そこで、職場環境の違いを理解した上で、専門職がどのように面接に対応していくかのテクニックを示していきたいと思います。

1　相違の理解

　まず、事務職系の職場と専門職系の職場の主な相違点を示します。この内容を常に意識してください。

　来訪者、窓口の特徴

	事務職系職場	土木・建築系職場	保育園
来訪者	不特定多数の住民	主に事業者 利害関係を有する住民	特定された保護者
窓口の有無	窓口がある。 事務スペースと来訪者スペースは明確に分離されている。		ない。保護者は、園内に出入りできるため、どこででも相談や連絡が可能。
窓口対応	一般住民を対象にわかりやすいことばで、ていねいに説明する必要がある。	技術に関する共通の理解がなされており、専門用語を使って説明することも多い。	園内のどの場所でも対応する必要がある。信頼関係に基づいた親密な対応が求められる。

回答のPoint 専門職の現場を踏まえて、活き活きした回答が大切。

　上記のような相違点がある中で、面接のテーマとなる事例は、事務職場を想定したものが多く、専門職種の方がそのまま答えようとすると、どうしても一般論的回答となるか、回答にずれを生じてしまうことがあります。与えられたテーマをいかに斟酌して、自分の職場事情に近づけていくか（少し修正を加えても良い）、それができれば現実的でかつ説得力のある回答を導くことができます。

2　事　例
　あなたは区民と直接接する地域センターの窓口係に、新任の係長として赴任いたしました。住民票を始め各種証明書の発行、近隣の施設の利用受付もしております。忙しいこともあって職員は、ていねいな住民対応ができておらず、住民側が不満な様子であることもしばしば見て取れます。そのような中で、あなたは係長としてどのように対応されますか。

【事務系係長の回答例】
　住民がこのセンターを訪れる目的を職員とともに話し合います。その上で、来所の目的が達成されているかを職員と確認いたします。単に証明を取りに訪れる方から、区が提供するサービスの情報を知りたいという方もいるはずです。そのような視点が職員側に共有されれば、それぞれの場面で、ていねいに対応すべき場合なのかなどを肌で感じることができると思います。まず、そのような意識を持てるよう指導することから始めたいと思います。

【建築・土木系係長の回答例　①】
　忙しいことでていねいに対応ができないことは言い訳になりません。住民票や各種証明書を取りにくるのは、必要だから取りに来るわけです。また、近隣の施設の利用受付と幅広く行っていますので、順番を守りつつ、ていねいに対応する必要性を指導いたします。

【建築・土木系係長の回答例　②】
　私の職場は、この事例とは少し違い、ある程度特定された関係事業者や利害

関係のある区民が来訪いたします。事業者の場合は、相手も忙しく、短時間に相手の求めるものを提供する必要があります。一方、区民の場合には、都市計画法や建築基準法など日頃接することが少ない法規制で不利益を被らないよう、少し時間をかけてもていねいに説明する必要があります。その点、係会を通じて共通の認識が持てるよう指導してまいります。

【保育園長の回答例 ①】

窓口での対応では、どのような場合であっても、ていねいに行うようにする必要があります。住民票や各種証明書の発行は、役所の重要な業務として行われているわけですから、その重要さを係会で理解させ、私が、率先して窓口に立ち、どのように対応したらよいかを示していきたいと思います。また、顧客満足度の高い窓口を作るよう努力いたします。

【保育園長の回答例 ②】

私の職場は保育園であるため決まった形の窓口というものはありませんし、相手もすべて知っている保護者です。送り迎えの際、毎日保護者と会いますが、その顔つきなどから、ベテラン保育士ともなると、朝の忙しい時間の中でもいつもとは違った保護者の様子を察知します。普段と変わっているようであれば、「お母さん、どうかしましたか。何か困っていることはないですか。」とこちらから自然に声掛けできるようになってまいります。そのような対応ができるよう職員には指導していきたいと思います。保育園は、保護者との信頼関係の上に成り立っていることは、職員は皆知識として理解しておりますが、常に意識できるよう仕向けていくことが園長の役割の1つかと考えます。

面接官の視点

事例の回答のうち、【建築・土木系係長の回答例①】を見れば、単に一般論でしか回答しておらず、内容は間違っていないものの、係長としての力量や経験を感じさせるものになっておりません。それに比べて【建築・土木系係長の回答例②】の回答は、自分の職場の特徴を踏まえた上で、それぞれのお客様にどのように対応するかがメリハリをもって答えられており、好感の持てる内容となっています。

次に、【保育園長の回答例①】でも同じ傾向が見受けられます。前半の内容は一般論であり、後半には勉強したことを出したいという気負った感じがあります。率先垂範や顧客満足度ということをアピールしているものの、内容のない答えとしか受け取れません。一方、【保育園長の回答例②】の方では、前段で保育園という職場の特徴を面接官に伝え、保護者との信頼関係の上での応接という、現実の様子が活き活きと伝わってきます。保育士の職務やそれを束ねる園長の役割もよく示されていると思います。

　窓口の特徴の中では触れませんでしたが、保育園の場合、体験保育や、保育相談、さらには地域の方々との触れ合いなど、特定の保護者以外の方との応接もあります。その際には、保育園をよく理解していただくための応接が必要となることは言うまでもありません。

　最後に、一般的に面接官には、先入観を持たせないよう、受験者の所属等の情報が知らされず、面接をいたします。受験者の回答のみで純粋に採点するため、一般論に終始した答えしかない受験者の評価は平均を上回ることはありません。現場の中で、実際に係長としての手腕を発揮できる方を選びたいので、専門職の方は、所属する職場環境を簡単に触れた上で、自分の土俵で回答できれば、面接官にも説得力ある回答ができると思います。

Q89 同じ内容を問われたときの対応

★★

＜出題例＞

（事例）A市の出張所（所長は係長級）では、地域の問題は、地域で解決しようという目的で、地縁団体とも連携してイベントなどを行っています。ある日、町会長が訪ねてきて、町内に、ごみを自宅敷地内に大量に溜めている人がいて近所が大変困っている。近所の住民も注意しているが、聞き入れてもらえず、もう限界である。不衛生極まりなく、これ以上放置できない。行政が動いて、早くごみを片付けてほしいとの要望であった。

質問 あなたが出張所長であったら、どのように対応しますか。
回答 困っている住民の役に立つことは自治体の使命です。私が所長であれば、ただちに清掃事務所などに連絡して、ごみを片付けてもらうように部下を通して依頼します。

質問 直ちに実行するのですね。
回答 はい、そうです。クレームや困りごとにはできるだけ迅速に対応していかなければなりません。また、部下職員には明確な指示を出さなければ組織を動かすことはできません。この場合、ごみの撤去という明確な方針の下に行動していきます。

質問 そうですね、指示は明確でないといけませんね。あなたの最善の策は、直ちにごみ撤去の指示を出すということですね。
回答 はい、そうです。迅速に問題を解決できるように行動することが行政の効率的な運営に資することとなり、住民の信頼を得ることができます。

質問 確かにごみの問題は近隣にとっては大変迷惑なことであり、できる限り速やかに撤去したいものです。しかし、ごみとはいえ、私有地内のものの場合、行政が勝手に入り込んで処理できるのでしょうか。
回答 はい、失礼しました。私有地に勝手に入り込むことはできません。さらに、傍目には捨てるべきものであっても、本人にとっては大事な所有物である

> **回答のPoint** 質問の主旨に気付いたら、迷わず答えを修正する。

と主張する場合があります、そうした法的な検討も行う必要があります。先ほどの答えは、その辺りを十分に考慮したものではありませんでした。

質問 では、どうするのですか。
回答 まず、現状を把握するために現地を確認し、近隣のみなさんの話も伺います。また、所有者なども確認し、客観的現状の把握に努めます。
　第2に、私有地であり、そのごみも私有物ですので、勝手に撤去することはできないので、私が直接所有者に会って、近隣の皆さんが迷惑していることなどを話し、ご自分で片付けてほしい旨を伝えます。自ら撤去するように促していきます。

質問 往々にして、なかなか自分では撤去しないことが多いようです。話しに行くだけで近隣や町会長の納得を得ることができますか。
回答 自ら撤去していただけないようであれば、出張所職員も協力することを申し出て、より積極的に行動していきます。その際には、清掃事務所など他部署の協力を要請し、行政内部の連携で問題を解決するように努めます。

面接官の視点

　敷地内にごみを溜めて、近隣に迷惑をかけている事例は、各地にあるようです。しかし、複雑な問題が絡み合い、すっきりとした解決策が取れないのが現状のようです。最初の回答は、いろいろな制約に配慮したものではありませんでした。面接官は回答の意味が分からなかったり、質問を誤解して答えたり、回答に疑問を感じたときに、再質問をします。
　重ねて同じ質問を受けたときは、冷静に回答を省みて足りない視点がないか頭を巡らせてください。そして、気付いたことがあれば、前言を訂正していく勇気が必要です。最初の回答にこだわり、突っ張り続けると、さらに突っ込んだ鋭い質問が飛んでくることがあります。

Q.90 圧迫面接への対応

★★
<出題例>
　（事例）あなたは、市民協働を推進する課の課長に赴任しました。部長から、統廃合で使われなくなった元小学校の校舎を、１年間かけて活用計画を作成するよう下命を受けました。そのため、地域住民やその施設を利用したいとする NPO や各種団体からの要望を受けた後、ワークショップ形式※で区民参加による計画案作りを進めることとなりました。部長からは、「色々聞きすぎて後で困ることにならないように。」と釘を刺されました。
　スタートして半年が経った頃、区内部でも翌年度予算の関係もあって、施設活用の案が内々に用意されました。部長に呼ばれ、区の案に沿って地元を調整するように言われましたが、地元案と齟齬がありすぎ調整が困難となっていました。計画の素案ができあがってきた時には、要望が盛り沢山になり、予算的にも収まりがつかなくなってしまいました。

　※　まちづくりなどを進める際に、住民側が、参加・体験を通じてさまざまな提案を出し合うなど、主体的に計画作りなどを進めるための手法。

質問１　あなたはこの課の課長の立場であればどうすべきと考えますか。
回答１　当初の進め方に問題があり、このような結果を招いたものと思われます。計画案を策定する場合の事前準備が不十分だったものと思います。

質問２　そういうことを聞いているわけではなく、現段階でどうすべきと考えるかを聞いています。
回答２　失礼しました。現段階となっては、区の案に沿って何とか調整するしかないと思いますが。

質問３　区の案は内々のものであり、対外的に出されているものではありませんが、区の案での調整が簡単にできると思いますか。
回答３　ええ……。簡単にはできないと思いますが……。

質問４　それでは地元、NPO や各種団体にはどのように説明するつもりです

> **回答のPoint** 相手の口調に動揺せず、自分の考えを述べる。

か。
回答4　計画の素案を修正してもらえないか、主だった参加者と話し合いたいと思います。

質問5　現段階でそのようなことができますか。あなたが課長としてワークショップ形式を採用し、案を作ったわけでしょ。案作りに制限を設けなかったわけですよね。であれば、今になって計画案を覆えすことは背信行為になりませんか。
回答5　ワークショップにより自由に意見を出して欲しいと働きかけ、地元やNPOなどの意見を計画案に反映させるとした方法そのものは間違っていたわけではないと思います。部長にも、何とか計画素案をできるだけ取り入れてくれるよう折衝してみたいと思います。

質問6　先ほどあなたは、区の案に沿って調整したいということを言いました。また、今の答えでは、ワークショップの方法は間違いではなく、計画素案を生かしたいと言いましたが、矛盾していませんか。
回答6　はい。矛盾しているかもしれませんが、区の案と計画素案の良い所をうまく調整できないかと思ったものですから……。

質問7　部長からは、計画案策定前に釘をさされていましたが、それを忘れてはいませんでしたか。
回答7　はい。そのことを具体的にイメージできなかったかもしれません。

質問8　イメージの問題ですか。管理職として、それでは責任を果たしたことになりませんね。
回答8　ええ。

質問9　もう一度言いますが、管理職として責任を果たすために、この状況を打開しなければならないと思いますが、いかがですか。
回答9　はい。部長に自分の至らなかった点を率直にお詫びし、もう一度よく

相談してみます。その上で、計画案はあくまで素案ですので、私自身が区の案と比較検討いたします。そして採用できる範囲を見極めた後、計画案の位置づけを地域に説明します。その後、予算の問題や、関係各課との調整をしながら計画作りを進めたいと思います。

面接官の視点

　まず、質問1に的確に答えられなかったことから、受験者は落ち着きをなくしてしまったかもしれません。**面接官がこのような強い調子で受験者に迫ることはあまりないとは思われますが、そのような場合でも対応できるようにしておきたいものです。**

　次に、強い調子や厳しい口調で質問が来たときには、その調子に圧倒され**安易に迎合したり、動揺してはいけません。また、動揺の素振りも見せないようにしましょう。**

　たとえば、質問1で「どうすべきなのか」と聞いてきたときに、その意味をとりかねたのであれば、「どうすべきとのことですが、現時点での善後策に対する質問という意味でしょうか」と尋ね、何を聞きたいのかを確認して答える方法もあります。

　また、回答6では、面接官の質問に合わせて迎合的に答えたため、**矛盾と受け取られかねない内容となってしまいました。**この質問で、**矛盾していないかとの問いに、矛盾していたかもしれませんと素直に応じていますが、**このような場合には、矛盾か否かの問いに直接答えず、「双方の良い点を確認し、何とか調整できないかとの思いはあります。」程度のことを言ってかわすテクニックもあります。

　さらに、質問8で、重ねて「管理職としての責任は、現状の打開」と再質問をされています。何度か同じ内容の質問をしてくる場合、いくつかのパターンがあります。

　A：答えるチャンスを与えてくれる場合。
　B：修正するチャンスを与えてくれる場合。間違った方向へ進みそうなため、受験者に気づかせてくれようとする場合。
　C：あやふやな回答であったため、確認を求めてくる場合。受験者を揺さぶってくる場合も含む。

このケースでは、Ａのパターンでした。再質問の場合、どのパターンなのか面接官の問いかけ方、ニュアンスを確認して、回答するようにしてください。注意すべき点は、面接官が「その方法でいいのですか」「他にも方法がありますか」と、修正するチャンスを与えようと助け舟を出したにもかかわらず、Ｃの確認パターンと受け取り、自分の説に固執してしまう場合があります。上司のアドバイスに耳を傾けられないタイプだなと思われないよう十分気をつけてください。

　最後に、実際の面接では、脅迫的な圧迫面接は少ないと思われますが、管理職になると、地域での説明会や住民との折衝の中で、厳しい質問をされ、それに対応しなければならない場面も考えられます。そのようなときに自分を見失わないような練習と思って取り組んでください。

Q91 一歩目立つ回答

★★
<出題例>
　（事例）ある日、普段おとなしいA主事が窓口で住民Bさんと口論になりました。A主事の主張は制度や事務処理規定に則った対応であり、何の落ち度もありません。一方、Bさんの主張は、そんな四角張ったお役所仕事ではなく、困っている人のために制度を曲げて柔軟に対応してほしいというものでした。
　まじめで実直なA主事にとっては、Bさんの主張が横暴なものであると写り、めずらしく大声になってしまったようです。

質問　あなたが係長であれば、どのように対処しますか。
（以下に、係長としての対応を4人の方（a～d）に答えてもらいます。）
回答　a：直ちに窓口に出て、A主事に謝罪させ、Bさんの怒りを収めます。次に、A主事に替わり、私が対応します。b：私も直ちに窓口に出てA主事の非礼を詫び、私が替わって対応します。ただし、A主事の説明に間違いがないのであれば、できないことはできないという姿勢を堅持します。c：私が係長であれば、少し様子を見て、A主事が自分でトラブルを解決できるかどうか注視します。トラブルが大きくなるようであれば、期を逃さずに窓口に出ます。その際には、まずA主事の非礼を詫び、Bさんの落ち着きを取り戻します。d：私はA主事の対応を最後まで見届けます。A主事の説明は間違っていないので、A主事に最後まで任せます。

　※　A主事が冷静さを失っている場合、早目に替わって対応を。この場合、dの選択はない。

質問　A主事にはどのような指導をしていきますか。
回答　a：その場で非礼について指摘し、謝罪させることで住民を怒らせてはいけないことを分からせます。b：私もその場で非礼について指摘します。しかし、その場では謝罪させず、私が替わって対応し、接遇の見本となります。Bさんが帰った後に、A主事を係長席に呼び、トラブルを起こさない対応を身につけるように指導します。c：A主事に替わって対応した後に、A主事を係長席に呼び、説明内容が正しくても感情的になってしまっては、相手も感情的になり、トラブルになってしまうことを指摘して分からせます。感情が高ぶっ

> **回答のPoint** 原則は守る。住民対応の姿勢と部下への思いやり。

てきたら、一呼吸おいて落ち着いて対応するように指導します。**d**：後で係長席に呼んで、トラブルの顛末を報告させます。その中でトラブルが生じた原因を分析して、今後、その原因を改めていくことが、A主事の成長にとって必要である旨を話します。

　※　この場合、cの指導が最適かと思われますが、A主事が冷静さを取り戻し、自分で分析できるようなタイプであればdもありうるでしょう。

質問　Bさんは事務処理を自分の都合の良いように曲げてほしいと主張しています。Bさんにはどのように答えますか。

回答　**a**：正しい事務処理であることを再度説明しますが、Bさんの主張をよく聞き、できるところは対応するようにします。**b**：Bさんの主張に無理があれば、他の住民との公平性を保つためにも受け入れることはできないと答えます。1つひとつの疑問に丁寧に答え、粘り強く理解を求めていきます。**c**：私は改めてBさんの主張をお聞きし、困った状況については理解を示します、しかし、事務処理の方法としてできないことはできないと明確に伝え、誤解がないようにします。その上で他の方法で、Bさんの抱える問題が解決できるかどうかを考えます。他の部署にも問い合わせるなど、できるだけ問題を解決する姿勢で対処します。**d**：できないものはできないとお答えするしかありません。もちろん、言葉は丁寧に、低姿勢のまま、制度として決まっているものは変えることはできない旨を粘り強く主張していきます。

　※　Bさんの態度や主張を見極めた上で、ケースバイケースでa〜dの選択を。cは丁寧な対応です。

面接官の視点

面接官が見るポイントとしては、制度を保つことへの姿勢、住民の対応の姿勢、職員への配慮やその程度といったところでしょうか。無理を言われたとき、単にその場を収めるだけではなく、住民の抱えている問題は何なのか、他の部署で解決できないものかと思いを巡らし、住民の立場に立って考えることです。ただ、公平性、公正性などの観点から対応できないことはできないと明確にする必要があります。

Q92 マスコミ対応

★★
<出題例>
　あなたは、国民健康保険課の課長です。国民健康保険の法改正に伴って、国保システムの改修が必要となりました。システム改修については、改修箇所の仕様を確定するのは、国民健康保険課で、改修作業は、国保システムの開発業者である㈱Aシステム社です。通知書発行までタイトなスケジュールではありましたが、改修は終了し、確認作業も終わった旨の報告がありました。新年度の保険料通知書を発行した後に、市民からの問い合わせで保険料額の計算ミスが発覚しました。まだ、ミスの影響範囲は分かりません。そのことをB新聞の記者が知ることとなり、あなたにすぐに取材したい旨の電話がありました。

|質問| あなたは課長としてどのように対応されますか。
|回答| システム改修に伴う保険料額の計算ミスということですが、保険料計算のどの部分にミスがあったのかを正確に把握しなければその影響の範囲がつかめません。至急、システム改修に関与した関係者を集めエラー箇所の特定、影響範囲を速やかに調査するよう指示いたします。同時に、市民からの問い合わせについては、事実が分かり次第、保険料通知書の再発行を含めて対応する旨ていねいに説明するように指示いたします。

|質問| B新聞の記者には、いつ、どのように対応されますか。
|回答| 今の段階では、B新聞の記者だけが情報を得ているとのことですが、時間の経過とともにその他のマスコミ各社についても情報が流れていくと考えられます。現段階では、正確な情報に基づいた対応策が答えられませんので、先走ってB新聞に対応することは、不確かな情報が流れる危険性があります。よって、事故の概要が判明し、市としての対応策を検討した段階で、他の報道機関も含め説明したいと答えます。

|質問| マスコミの取材に応じることはあなた自身の判断で行いますか。
|回答| マスコミへの対応については、本市の場合には広報課を通すことになっております。事実経過を把握し、部長、広報課長、副市長、市長へも現時点で

> **回答のPoint** マスコミ対応はまず庁内調整、そして誠意をもって正確に行なう。

把握できている事実について第一報を入れます。その上で、市として誰が取材に応じるか窓口を統一すること、発表する時期についても市としてのタイミングを見極め判断いたします。

質問 それでは議会への報告はどうされますか。
回答 議会については、正・副議長や関連する常任委員会の正・副委員長には、事実が判明し市としての対応策が整った時点で早期に説明いたします。その折に、マスコミ対応についての概略も説明いたします。他の市議会議員についても、マスコミに発表する前の段階か同時期に情報提供することが原則かと考えます。

質問 マスコミへの対応で注意すべきことは何ですか。
回答 マスコミは、事件、事故を知った時点でいち早く情報を欲しがります。よって、トップを含め事実経過が判明した段階で第一報を情報提供するというケースもあります。事故が広まってから仕方なく記者会見するのでは、自治体としての後ろ向きの姿勢を指摘するような記事内容になる可能性が高いからです。また、プレス発表のタイミングが非常に重要となります。自治体としては事実の把握、対応策、再発防止策と全てをそろえてマスコミに対応したいのですが、自治体としての前向きな姿勢を示す意味から、市民に知れ渡る前に積極的に発表する方が得策となります。また、マスコミの質問に対して、自治体側の意見が統一化されるよう想定問答を用意しておくことも大切と考えます。

面接官の視点

マスコミは、事件、事故の記事をいち早く報道したいため、すぐに取材を申し込んでくるはずです。その際に焦って、庁内の調整をせず独断でマスコミ対応することは大変危険です。まずは、マスコミ対応の窓口を一本化し、自治体としての対応を行うことが最も重要です。後ろ向きな姿勢は、その事故以上に自治体の信頼性を損なうものになりかねませんので早急に対応しましょう。

Q 93 トップ層への対応

★★

<出題例>

あなたは、観光課長に赴任しました。観光は、市長が力を入れている分野の1つです。赴任後、1月が経ち少し落ち着いてきたところに、テレビ局より連絡が入りました。内容は、ある番組のロケを本市で行うことを考えているとのことでした。本決まりではないが、観光課に製作の協力をして欲しいとのことでした。その後、何度か職員に連絡が入った後、あなたが知らない間にロケが行われたようです。市長が、地域の集会に参加した際に、既にロケが行われているという情報を市民から聞いたとのことでした。

質問 この事例での問題点は何ですか。
回答 観光課として窓口を一本化して対応しておりましたが、窓口となった担当者と課長との連携がうまく取れていなかったものと思います。問題点として2つあると思います。1つは、課長に担当職員からロケの情報が十分伝えられなかったため市長にも情報提供ができなかったことです。2つ目は、トップへ報告すべきと判断すれば速やかに連絡できるルートが確立されていなかった点も問題かと思います。

質問 市長に連絡できるルートの確立という点では、どのような解決策が考えられますか。
回答 市長は大変忙しく、直接報告したいところですが、通常どおりアポイントを取って報告できない場合も多々あります。情報提供は、タイミングが最も大切ですので、直接報告できないときには、電話でのお知らせやメモをつくって秘書に伝えておくことなども必要です。要は、タイミング良く情報を伝えるルートを複数確保しておくことだと思います。

質問 首長には何から何まで報告することになりますか。
回答 その点は、トップが何を欲しているかによります。日頃からのトップの言動を捉えておく必要があります。特に、現場の職員の声、市民の声、政党、市政運営に影響のある関連団体の長の意向などについては、積極的に伝えてお

> **回答のPoint**　トップの立場、考えに想いをはせ、良き助言者となるよう心がける。

く必要があると考えます。

質問　市長はどのような幹部職員を欲していると思いますか。
回答　市長は、市政の全ての分野について広く知っていなければならない立場にあります。また、市の方針に関して、様々な判断、決断を迫られることになります。特に市長としての判断が求められる背景は、その影響を受ける市民がおります。市民にどのような影響が生じるか、影響の範囲やその度合いなどを想定しなければなりません。また、議会はどう思うか、政党の反応なども考えねばなりません。このように様々な点を考慮し、判断材料となる情報の提供や意見具申のできる幹部職員を望んでいると思います。

質問　市長としての判断が求められる際に、判断材料となる情報の提供や意見具申とのことですが、もう少し具体例を示して説明してください。
回答　市長は、市の最終責任者として判断を下す立場にあります。新たな事業に取り組もうとすれば、今までの事業をスクラップしなければなりません。既存の事業をなくすことで、負の影響を受ける市民もおります。そのような場合に、客観的な視点から新旧事業を比較考量し、それぞれのメリット・デメリットを一覧にして判断材料として提供することなどは職員のすべきことの例です。客観的な視点に加え、市民感情などへの配慮もした上で、どのタイミングで判断されることが最良なのかという意見具申ができれば、市長としても判断しやすくなると思います。

面接官の視点

> 　市長は、政治家として、特に力を注いでいる分野があります。今回のケースでは、観光都市として地域の宣伝をすべき立場にある市長に有用な観光情報が届いていなかったわけです。
> 　市長は決断をする際には孤独となります。ただのイエスマンでなく、信頼感があり、客観的な判断材料を持ち、決断を後押ししてくれる管理職がいて欲しいと思っております。

Q94 住民説明会後の対応

★★★

<出題例>

あなたは、4月に昇任し、B課の課長として配属されました。B課では、昨年から検討してきた新規事業の実施案がようやくまとまり、前年度末に市長へ報告した後、議会へも報告を行ったところでした。その際に、市長から、今年の8月にはこの事業を実施するようにとの指示があり、前任のA課長からその旨を引き継ぎました。

新規事業の実施にあたっては案の段階で住民説明会を開催することが慣例になっており、担当のC係長が5月に住民説明会を開催する準備を進めていました。あなたは、これまでの経過や資料を勉強し、説明者としての準備を整え、緊張して説明会当日を迎えました。

説明会の参加者は予想外に多く、「事業案内容の改善が必要だ」「地元にもっと配慮すべきだ」といった意見が出されました。また、「もう一度、住民説明会を開いてほしい」との意見も出されました。あなたはB課の課長として今後どのように対応していきますか。(1分間の考慮時間)

主任面接官　1分経ちましたので、あなたの考えを述べてください。

回答　はい。まず、説明会終了後、C係長に対し、説明会での意見をまとめ、それぞれの意見に対してどのような対応が取れるのか検討を指示します。その上で、再度説明会を開催することについても併せて検討する必要がある旨を伝えます。部長には住民説明会の状況を報告し、再度住民説明会を開催することについての指示を仰ぎます。

面接官甲　8月には事業を実施しなければならない状況の下で、どのようなスケジュールで説明会を行うのですか。

回答　事業の開始が迫っておりますので、次回の説明会は最後の説明会としなければなりません。そのためには、様々な意見を精査し、地域に受け入れていただけるよう市としても努力することが必要です。その上で、地域の声を聞いて事前の根回しも行うことも考えます。スケジュールについては、広報との調整、会場の確保などを考え、7月上旬までには説明会を開催したいと考えます。

住民説明会後の対応

回答のPoint 住民からの意見を直接聴ける場なので、より真摯な姿勢が問われる。

面接官甲 住民説明会を開催するにあたって、どのような点に気を配りますか。
回答 再度の住民説明会であり住民の関心が高いこと、日程的にもこれが最後の説明会になることを十分に考慮します。具体的には、会場の広さや交通の利便性、時間帯も住民の集まりやすいように設定します。さらに、最初の説明会で出された意見や質問に真摯に答えるとともに、住民の関心事に十分配慮した受け答えができるように準備をします。誠意を持って答えることで、住民の理解が得られると考えます。

たいへん厳しい日程ですが、当課の総力を上げて取り組んでまいります。

面接官乙 説明会で出された意見で市としての案を修正することになりますか。
回答 はい。この事業の趣旨と方向性が一致していて、事業を補完するものであれば、できるだけ取り入れていくようにします。短い期間しかありませんが事業案の修正を行い、上司や市長の了解を得るように努めます。また、事業の趣旨に沿えないものについては、取り入れられない理由を明確にします。次回の説明会の中で、前回の意見への対応について、市としての真摯な姿勢を示すように努め、住民にわかりやすく説明してまいります。

面接官の視点

近年は社会経済状況の変化が激しく、その変化にあわせて行政の施策や事業を再検討し、短期間のうちに事業を統廃合したり、新規事業を立ち上げていかなければなりません。ここでは議会への対応について十分触れることができませんでしたが、新任管理職が事業を実施していく上で、議会、地元、組織内、関係機関などへの配慮がいきとどいているかどうか、さらには進捗状況を確認し管理ができているかが問われています。

説明会の開催は、住民に一度説明すれば足りると考えてはなりません。市の事業を理解していただくための機会であり、意見を直接聞ける場です。その機会を大切にし、多方面に気を配り、計画を練っていくことが大切です。

Q 95 新人職員の育成

★★

質問 近年、公務員を志望する若者が増え、どの自治体も採用試験の競争率がたいへん高くなっています。わが市にも、毎年新人職員が入ってきます。あなたはこうした難関を乗り越えてきた新規採用職員をどのように育てていきますか。

回答 はい。最近の新人職員は礼儀正しく、あいさつもしっかりしています。勉強も良くしているので、一般的な法律制度の理解、事務処理能力や対人対応能力の高い方が多いように感じています。

しかしながら、仕事を通して成果を出していくことは、初めてのことです。新人職員の持っている能力をいかに引き出して、仕事の成果に結び付けることができるかが、管理職の仕事であり、責務であると考えています。

質問 では、具体的にどのように能力を引き出していくのですか。

回答 まず、採用後3年程度は、担当している事務を通して、公務員として仕事をしていく上で基礎となる市政の予算、決算の仕組み、文書の作成、住民対応の仕方などを習得させていきたいと思います。そのためには、ベテラン職員を相談相手、指導役、教育担当として選任します。最初が大切ですので、教育担当には、厳しさをもって指導するように指示します。

質問 最初から厳しい指導というのは、新人職員にとってはつらい面があるのではないですか。

回答 厳しく指導するといっても、ただ厳しくするのではなく正確な事務処理ができるようになること、誰もがわかりやすく簡潔に表現できる文書の作成ができるようになることが目的です。仕事の基礎を学ぶことは、新人の時期が一番効果的であると考えます。

質問 基礎ばかりを教えたのでは、新人職員のもっている能力を引き出すことはできないのではないですか。

回答 自分の職務はしっかりと遂行していくことを前提に、その他にも新人職員の前で係長を含めて、日々発生する問題や課題に対する解決策について議論

> **回答のPoint** 未来の市政を託す職員の育成には、覚えるべき基本を、最初に教える心構えが大切である。

する場を設定することなどに努めます。身近な議論の場に接することで、その課題を取り巻く環境や実態に関する情報を提供し、その上でどのような解決策が採れるのか考える機会をつくっていきます。そうした中で、本人にも意見を出させて、課題に対する問題意識や解決に向けた能力を引き出していきます。

質問 最近、民間企業では就職して3年以内に退職してしまう若者が多く、その対策に追われる会社もあるようです。あなたの方法では、職員が定着しないのではないでしょうか。いかがお考えですか。

回答 はい。厳しさだけでなく、面談の場を設け、一人ひとりの職員が何をやりたいのか、どのような仕事をしたいのか、よく聞いて各自が目指す目標に向かっていけるように指導します。

　管理職は組織の目標を達成しなければなりません。そのためにも職員の目標や思いをよく聞いて、個々の職員の目標の達成が組織の目標の達成に繋がるように創意工夫に努めていきます。職員の思いをよく聞き、それが満たされれば、その職員は熱意をもって仕事に取り組んでくれますし、本人の成長にもつながっていくと思います。

面接官の視点

> 　最近の新人職員はよく勉強しており、能力的にも高いものをもっています。能力のある職員をどのように育て、どのように仕事に活かしていくかは、まさに管理職の腕の見せ所です。
> 　能力が高いといっても、自治体の業務は初めてのことが多いはずです。仕事は何とかやってくれるだろうといった、放任的な考え方は持たず、山積している課題を一緒に解決していこうとするリーダーとしての姿勢を見せていくことも大切です。

Q 96 進行管理とホウレンソウ

★★★
<出題例>

あなたは、大変忙しいまちづくり課の課長に赴任いたしました。本庁舎と離れたところに事務室があるため、本庁で会議があるたびに席をはずすことになります。そのため係長、係員とも十分コミュニケーションがとれない状況です。先日、複数の商店会の会長と市の関係者の集まる夜の会議がありました。翌日の不在時に、A商店会長から、担当係長に「まちづくり課長が来てくれなかったので、具体的な話ができなかった。」という旨の電話が入ったと事後報告を受けました。会議の件で報告がなかった理由を係長に尋ねたところ、「会議の件は、課長にメールでお知らせしました。私も、出張だったため、職員からも連絡するように指示しました。」とのことでした。

|質問| まず、あなたはこの事例でどのように対応されますか。
|回答| はい。まず、会議に参加した担当職員から会議内容について報告させます。次に、他に出席した市の管理職からも会議内容につき聴取いたします。その上で、電話をいただいたA商店会長に連絡し、欠席した件をお詫びをすると共に、会議内容についての概略とご意見を伺います。その上で、次の会議には、必ず出席することを約束いたします。

|質問| 担当係長への指導についてはいかがですか。
|回答| はい。まずホウレンソウについての考え方を聞きたいと思います。メールでの報告のリスクを十分に理解させた上で、課長と係長、係長と職員とのホウレンソウについてどうすればよいか考え、今後の連絡の仕方について改める案を出すよう指示します。

|質問| 商店会の会議に参加した担当のB職員が、「先日行われた会議は、市に対する批判的な意見ばかりだったので、ほとんど得るものはありませんでした。」と報告がありました。あなたはどう対応されますか。
|回答| まず、『批判的な意見ばかり』といっていますが、具体的に誰がどのような発言をしたのか、事実を報告するように指示します。また、『ほとんど得

> **回答のPoint** 悪い情報こそ歓迎し部下を責めない姿勢で。

るものはありません』と言った点は、職員の意見だと思いますので、なぜそう考えたのか、判断した材料につき聴取します。報告した職員は、事実、憶測や意見とが峻別されないまま報告していると思われますので、その点明確に峻別させた報告を求めます。

質問 あなたに報告した内容の中で、まちづくり課にとっては悪い情報に接したとき、あなたはどのように対応しますか。
回答 悪い情報こそ歓迎したいと思います。部下が悪い情報を報告したら怒られる、あるいは責任追及をされると思ってしまっては正しい情報は出てきません。結果として、悪い情報が上がってきたときには既に手遅れとなり、市としての信用を失い、信用回復に多大な時間とコストをかけることになります。

質問 それでは、新たな事業を提案して、新規事業を立ち上げましたが、上手くいかずに修正を加えなければならなくなりました。あなたはその報告を受けてどのような対応をされますか。
回答 新規事業を立ち上げたからこそ、今までと同じやり方ではできませんし、調整の必要などがあり円滑に進まないのは当然です。組織として新規事業を立ち上げたわけですから、組織を挙げて協力していかなければなりません。新規事業に挑戦したからこそ失敗もあるわけですので、その点をねぎらってあげます。その上で、どこに問題があるかを抽出させ、他組織との調整などを担うなどして事業の円滑化を支援してまいります。

面接官の視点

部下は、上司が行う方法、伝えられる情報の重さ、タイミングや頻度などを観察して、上司が、ホウレンソウをどのように重視しているかを見ています。ホウレンソウの肝は、部下から悪い情報が早く報告されるかです。その場合に、情報を伝えてくれたことを歓迎し、責任追及するのでなく次のステップに向けた改善のために役立てるように仕向けたいものです。

Q 97 業務系職員向け面接

★

質問 任用選考を受けて技能長になろうと思った動機は何ですか。

回答 私は、入庁して以来20年間技能職として、施設の簡単な補修や庭木の剪定などの仕事に携わってきました。私も初めは何も分からず、先輩の仕事を見よう見まねで仕事を覚えてきました。おかげ様で何とか一通りのことがこなせるようになり、上司からの指示にも応えられることができるようにもなりました。

市民が安心して快適に、私たちの施設を使っていただくためには、きめの細かい、配慮の行きとどいた私の技能が必要であると思います。その技能を後輩たちに伝えるために、技能長になろうと思いました。

質問 技能を伝えていくには難しい面があると思いますが、どのように伝えていこうと考えていますか。

回答 先ほども申し上げましたが、私は先輩達の仕事ぶりを見て技能を学んできました。いい仕事をしようと思えば、自分で先輩達のいいところを真似していくようになります。そのためには、私は技能長としてきちんとした良い仕事、技術をできるだけ多く後輩たちに教えていこうと考えています。

また、後輩たちの疑問や質問には、できるだけ丁寧に応えていきます。

質問 先輩の仕事の進め方を見て、自分の身につけていく方もいると思いますが、中には、真似をして覚えようとはしない方もいると思います。その方にはせっかくの技能が伝わらなくなってしまいますが、その点は、どうお考えですか。

回答 仕事に意欲のない人は、積極的にいい仕事を覚えようとはしないので、なかなか技能が身につきません。そういう方には、相手の考え方を尊重しながらも、なぜ仕事に意欲を持てないのか、私の考えを率直に話して、やる気を起こさせるようにじっくり話し合っていきます。

質問 じっくり話し合っていては、なかなか技能を伝えていくことができないのではないでしょうか。

> **回答のPoint** 組織管理の基本的知識や技術が身についていることを述べよう。

回答 相手のことを尊重しないで、無理に押し付けると人間関係が悪くなってしまいます。人間関係が悪くなると仕事自体がうまくいかなくなり、周りの方も意欲をなくしてしまうので、無理はせず、じっくりと話し合っていくことが大切だと思います。

質問 人間関係は大切ですが、あまりこだわりすぎてしまうと、必要な技能が十分に周りの職員に伝承していかないのではないでしょうか。

回答 現場の仕事はチームワークが大切であり、チームワークを良くする基本は人間関係です。ですので、人間関係を悪くしないようにすることが一番大切であり、そのことに十分に注意しながら技能を伝承していきたいと思います。

質問 例えば、十分に技能が伝承しなくても人間関係を重視するということですか。

回答 基本的な技能は、後輩職員全員にきちんと教える場が必要であり、講習会や研修会を積極的に開催します。その上で、職員一人ひとりにはいろいろな考えや得手、不得手がありますので、その部分はチームワークで補っていきます。その点で、人間関係を重視してチームワークの良い職場にしていきたいと考えています。

面接官の視点

最後の回答では、現実の問題としてまとめています。先輩の仕事を見て覚えるという方法では十分に技能を伝承することは難しいという現実があります。研修会を主催して、疑問に応えながら技能を身につけさせたり、テキストを作成して、ある程度までの基礎を学べるようにするなどの工夫が必要です。視野を広げて多様な方法を考えておくと回答に深みがでてきます。

Q98 経験者採用と人材育成

★

[質問] 近年、民間企業の経験のある方を採用する自治体が増えています。わが市においても、経験者採用の検討が進められていますが、経験者を採用する利点についてあなたはどのようにお考えですか。

[回答] はい。1つには即戦力として大きな期待ができます。特に、技術系の職場においては、実際の現場での経験を積んでいますので、わが市の事業を推進していく上で、ただちに現場に出て実務を担ってもらうことができます。2つ目には、民間の視点から事務事業を捉える事ができることです。行政の中だけで仕事をしていると、どうしても視野が狭くなる部分がでてきます。民間の視点から事務事業に対する意見を出してもらい、行政人として改善に取り組んでもらうことで、新たな視点をもった事務事業を推進できると考えます。

[質問] 確かに、そういった期待があります。その期待を実際に成果としていくために、あなたは管理職としてどのようなことに注意していかなければならないと思いますか。

[回答] はい。まず1つには、行政には住民福祉の向上という大きな目的があります。職員はそのために仕事をしているという基本的な姿勢をしっかり身につけさせたいと思います。例えば、技術力はあっても、その力を発揮する方向性が間違っていたのでは、行政目的を達成することはできません。できるだけ、市民の声を聞く機会に参加させ、市民の要望を的確に捉えながら仕事をする意識を身につけるようにしていきます。

2つ目は、早い時期に公務員として仕事を進める上でのルールや手続きを学ばせます。行政の仕事は法令に基づいて行っていますので、民間のように即断即決、即実行とは行かない場合があります。予算取りから、事案決定、さらには議会対応など手続きに間違いを起こさないように気をつけなければなりません。経験を十分に生かすためにも、採用後、直ちにこうした内容の研修を行います。

3つ目には、公務員としての規律の徹底です。民間企業であれば取引相手との接待など企業同士の付き合い方があると思います。しかし、公務員にはそうした付き合い方は基本的にありません。わが市においても服務規律がしっかり

経験者採用と人材育成　207

> **回答のPoint**　即戦力としての経験者の力を、最大限仕事に活かす心構えと方法を考えておく。

決められています。民間の感覚のままでいると、気がつかないうちに市民に不信感を与える行動をとったり、服務規律を破ってしまう恐れも心配されます。本人のためにも、また、行政への不信を招かないためにも服務規律はしっかり教え込んでいきます。

[質問]　民間の経験があるだけに、ある面ではあなたよりも多くの知識や技術力を持っている方がいるかもしれません。そうした能力を十分に行政に活かしていくためには、どうすればよいとあなたは考えますか。

[回答]　確かに、私より多くの知識や技術をもった方はたくさんいると思います。その力を活かして、住民福祉を向上させていくことが管理職の役割です。そのために、私は、わが市の目標をしっかり認識させた上で、できるだけ、その職員が希望する仕事で能力が発揮できるように環境を整えるようにします。そうした過程を通して本人が意欲的に、持っている力を発揮できるようにしていきます。

面接官の視点

> ここでは、具体的にどのように指導していくかという点には触れられませんでした。受験生の皆さんは、是非具体的な指導方法まで考察しておいてください。経験者採用の皆さんは、たいへん優秀で、仕事の進め方に関しても経験豊富です。しかし、公務員という民間企業に比べて制度や制約の多い立場で、その力を発揮してもらうためには、管理職の役割が重要です。対応の仕方によっては、これまでにない成果を上げることも期待できます。是非、管理職としての職員育成方法を考えておいてください。

Q99 「面接シート」活用法

★★★

<「面接シート」について>

面接を受ける際に、事前に「面接シート」、「エントリーシート」として今までの職歴や自分の性格、今後取り組んで見たい職務などを記述させることがあります。面接官は、そのシートに基づき又は、そのシートをきっかけに質問をしてくるという形式で面接が進められることもあります。

受験生にとっては、あらかじめ記載した内容に沿って質問してもらえるということは、「面接シート」の部分に関してはある程度自己コントロールが及ぶことにもなり、有利であると考えられます。しかし、その有利である部分にもかかわらず、漫然と記載したため、自分の書いたことに足をすくわれてしまう受験者も多々見受けます。事前に対応できるよう訓練をしておくことが大切です。以下、いくつか事例を交えてそのテクニックを示します。

1　「今まで担当した職務」をどのように記述するか

ここでは、職歴として、過去担当した職務を書くように指定された場合です。漫然と担当した職務を時系列に沿って書くだけでは十分とはいえません。単に職務内容が書かれた場合、面接官は、記述された職務から想像されることを、推測して質問します。聞いて欲しい箇所に質問が来るとは限りません。質問へのコントロールが利かず、自分をアピールすることもができない結果となります。また、一般的な質疑では、面接官との会話も弾みません。

そこで、どのように記述するかです。ここでは職務に関して自分の苦労した点、苦労したがやり遂げたこと、仕事を進める上でどのような工夫をしたかという点をさりげなく記述します。そうすると、必ず、その点に質問が集中します。それらの点に関して「面接官から予想される質問」を想定し、事前にアピールできるような回答を準備しておくことができます。以下にどのように表現したらよいかの例を示します。また、凡例3種類で評価を加えておりますので参照してください。

凡例：（×）は不十分。（△）は、まあまあ。（○）は、この程度の表現ができればよい。

「面接シート」活用法　209

> **回答のPoint**　相手を自分の土俵に引き込むことも大切。

(1) 市民課　協働担当として勤務した場合

×	市民団体やNPOの担当
○	市民団体やNPOとして活動している団体を掘り起こし、個別活動をしている団体に、横の関係を構築した。
○	市民団体やNPOとして活動している団体すべてに個別ヒアリングを実施し、関係団体ごとに、横のネットワークを構築した。

(2) 面接官から予想される質問
① どのような掘り起こしをされたのですか。掘り起しでの苦労は。
② ヒアリングやネットワークを通じて得られたものは何ですか。
③ 個別ヒアリングなどを実施し、市民団体やNPOがどのような問題を抱えているか何かわかりましたか。

(3) 経済課　融資担当での勤務した場合

×	融資斡旋システムの稼動をした。
△	チームリーダーとして、融資斡旋システムの安定稼動を確保した。
○	初めてのシステム業務であったが、係の職員と共に、チームリーダーとして半年間で融資斡旋システムの安定稼動を確保した。
○	初めてのシステム業務であったが、現状の業務をフローチャートで把握し、要件定義から、仕様確定までを他の職員をリードし仕上げた。

(4) 面接官から予想される質問
① 初めてのシステム業務とのことですが、そのシステム業務の中で重要となる部分はどの点でしたか。
② 係内でどのような協力体制をとられたのですか。
③ チームリーダーとしてあなたがどのような役割を担ったのですか。具体的に説明してください。
④ 初めてのシステム業務を通じて得られたものは何ですか。

面接官の視点

要は、面接官に質問のきっかけを与える記述をすることです。（実際例はQ101参照）

Q100 短所を長所に変える

★★★
<「短所」と「長所」について>

> 「あなたの性格を簡単に述べなさい。」というものや、欄を設けて長所、短所を書かせるケースがあります。ここで、単に自分の性格や長所、短所を事実として記述されても、面接官の目を引くことはあまりないでしょう。具体的には、単に長所「快活」、短所「短気」と書くだけでは、面接官としては、大変質問がしづらく、その欄を一瞥するだけで終わります。ここでも、自分をどうアピールすることができるかを考えましょう。
>
> ところで、なぜ受験生の性格を聞いてくるのでしょうか、記述された性格の人が管理者となったときに問題がないか、管理・監督者として部下に受容されるかを知りたいのです。よって、極端に偏向しているような性格を書くことは論外です。ここでは、短所の部分をどのようにアピールできるかを示します。「面接官から予想される質問」も想定しましたので、事前にアピールできるよう回答を準備しておくことができると思います。

(1) 短所「気が短い」をどう表現するか。
  → 「どちらかというと気が短い」△
  → 「ややせっかちなところがある」○
  → 「判断を急ぐ傾向がある」○

(2) 面接官から予想される質問
  ① どのようなときに、気の短さが出てしまいますか。
  ② 「ややせっかち」と自分自身で思うのはなぜですか。その性格は、管理職を務めるのにマイナスとなりますか。
  ③ 「判断を急ぐ傾向がある」ことは悪いことですか。

(3) 短所「大雑把である」をどう表現するか。
  → 「どちらかというと大雑把である」△
  → 「ものごとを、やや大づかみする傾向がある」○
  → 「細部にこだわらず、判断する傾向がある」○

(4) 面接官から予想される質問
  ① 「ものごとを、やや大づかみする傾向がある」とかかれていますが、

> **回答のPoint** 短所でさえもアピールできる面接シートの作成を。

具体的に説明してください。
② 「細部にこだわらず、判断する傾向がある」と自分自身で思うのはなぜですか。例を挙げて説明してください。
③ 「細部にこだわらず、判断する傾向がある」ことは悪いことですか。管理職として、細部に目を光らせる必要はありますか。
(5) 短所「**協調性がない**」をどう表現するか。
　　→「協調性に欠けるときがある」△
　　→「自分ですべて行おうとする傾向がある」○
　　→「仕事をすべて背負い込む傾向がある」○
　　→「責任感が前へ出すぎ、仕事をすべて背負い込む傾向がある」○
(6) **面接官から予想される質問**
① 「自分ですべて行おうとする傾向がある」と書かれていますが、具体的に説明してください。
② 「仕事をすべて背負い込む傾向がある」と自分自身で思うのはなぜですか。
③ 「責任感が前へ出すぎ、仕事をすべて背負い込む傾向がある」ことで、管理監督者となったときに困る点は何ですか。

面接官の視点

「面接シート」、「エントリーシート」が用意される場合、その内容に関して質問するのは、受験者にアピールする機会を与えようとすることが多いと思います。そのため、一般的に事実だけ記載されていると、どの点を質問するかの糸口が見つけにくいわけです。面接官は、多くの受験者を短時間で見ていきます。

同じようなシートを何枚も見なければなりません。その点、今回示したような切り口で書かれていると、自然とその点を聞こうと思うわけです。

短所として記載されているが、実は短所ではなく長所であることがアピールできるという仕組みになっています。

事前に用意できますので、十分考えて記載していただきたいと思います。

Q 101 「面接シート」の実際例

★★
実践的修正法

面接官は、「面接シート」を見て、何か特徴的なところはないか、評価ポイントに合わせてどの箇所に関して質問をしようかと瞬時に判断しようとします。そのため、以下のようなポイントから質問箇所を探していきます。

＜ポイント＞

A　真摯な態度で仕事に向きあえるか。市民のニーズに的確に対応しようとする責任感を持っているか。

B　性格や人柄から、管理職に向いているか。また管理職にふさわしくない偏向した考え方などを持っていないか。

C　管理職の役割として部下の育成ができるか。

D　職務経験を通して、困難な課題にも対応できる管理職としての積極性やストレス耐性があるか。

E　組織を動かすリーダーシップがあるか。

F　管理職として、自治体に貢献できる人材か。

G　管理職として広い視野をもって職務を遂行できるか。

1　全体の指摘

p.214に提示したシートが修正前の例です。一目瞭然で、情報量が少ないことに気付くと思います。面接官は何を質問してよいか悩んでしまいます。これでは面接シートで求めている内容に十分応えられておりません。p.215の修正例のように自分の職歴や自分が考えていることをある程度具体性を持って書こうとすると、おのずから一定のボリュームが必要となります。

2　個別記入欄(1)〜(5)の指摘

(1)　**自分の性格（ポイントB）**　本書 p.210参照

(2)　**自己啓発の方法（ポイントA、F関連）**

① 「施策を勉強する会」がどのような組織かわかりません。それに比べ、修正後の「政策を勉強する会」は、組織内容が表現されています。他自治体の職員も入っていることがわかり人脈をつくることなどにも積極性があ

> **回答のPoint** 事前準備により面接のポイントは押えられる。

るように映ります。
② 情報収集のため新聞記事をネットで検索することを書く職員がいます。差別化するためにも具体性を持たせることを心がけてください。
③ 例で示したほかに、「資格をとる」もよく見かけます。資格取得を目指すことを書く場合には、職務との関連性を記述してください。

(3) **職歴の中での新規事業、改革・改善への取り組み（ポイントD、E、F関連）**

面接官は、過去その職員が取り組んできた職務事例から、その職員の仕事に対する熱意、そのときに担った役回りから見てとれるリーダーシップなどに注目します。質問としては、どのような点に苦労したか、あなた自身がどのような役割を担ったのか、チームをまとめるためにどのような行動を取ったのかなどについて具体的に掘り下げて聞いてきます。達成に至る過程でどのように創意・工夫をしたか、困難な場面を乗り越えたのかについて答えられるように用意してください。

(4) **組織を管理する上で心がけるべき点（ポイントF、G関連）**

今後、組織管理をする上でどのようなスタンスで臨むかを記述させるものです。面接官は、受験者がなぜそのように考えるか、本人が考える職場管理の中での優先順位などの点に質問をしてきます。

(5) **管理職になったら取り組んでみたいこと（ポイントC、E、F、G関連）**

管理者としての想い、視野の広さ、将来性などを見たいと思っています。ここは加点要素となる箇所です。市全体の課題に対してどのような考えを持っているか、改革意欲などについてしっかり記述してください。注意点として、現状の施策などを否定する表現は使わないようにしてください。

面接官の視点

> 試験の直前期にはp.216の管理職面接シートを使って、ご自身の面接シートを事前につくることをお勧めします。

平成　　年度　　管理職面接シート（修正前）

選考区分	事　務	職種	事　務	受験番号	12345
氏　名	山　田　太　郎			年齢	45歳
所　属	総　務　部　　課　税　課　　課税調査　係				

(1) 自分の性格	長所	責任感が強い、気がきく	短所	ややせっかちな所

(2) 自己啓発の方法	先進自治体研究会という自治体の様々な施策を勉強する会に所属し、持ち回りで講師を行っている。 　毎朝、ネットにより3つの新聞情報を確認し、仕事に関係する記事をチェックしている。
(3) 職歴の中で、新規事業への取り組みや改革・改善へ取り組んだ内容	西部出張所の勤務の際、地元の町会と共に、池西駅北側の駐輪場整備を行った。
	保育課勤務時代に、5保育園のアスベスト除去を実施した。 　特に、保育園を一時的に移動させたケースは大変であった。
(4) 組織を管理する上で心がけるべき点	個々の職員の執務状況に注意を払い、コミュニケーションをできるだけとるよう心がける。
(5) あなたが管理職になったら取り組んでみたいこと	東日本大震災後、事業継続計画（BCP）の必要性が高くなっており、官民共に取り組むべきと考えている。

平成　　年度　　管理職面接シート（修正後）

選考区分	事　務	職　種	事　務	受験番号	12345
氏　名	山　田　太　郎			年　齢	45 歳
所　属	総務 **部** 課税 **課** 課税調査 **係**				

自分の性格	長　所	責任感が強い、気がきく	短　所	ややせっかちな所

自己啓発の方法	首都圏の自治体職員により組織する自治体の政策を勉強する会に所属している。年4回開催し、会員が課題ごとに講師役を務め、様々な施策を勉強している。 　毎朝、ネットにより3紙の新聞を確認し、仕事に関係する記事をチェックし、必要な記事は職場にも情報提供している。
職歴の中で、新規事業への取り組みや改革・改善へ取り組んだ内容	10年前、池西駅北側は放置自転や乱雑な駐輪状態で地域から改善要望が強かった。出張所の担当を任され、地元町会と対応方法をまとめた。共に電鉄会社に駐輪場整備を要請し、その後継続的に交渉を続け、2年後に駐輪場整備に漕ぎ着けた。
	保育課勤務時代に、5保育園のアスベスト除去を実施した。ある保育園のアスベストは、除去範囲が広く、2か月ほど園を移転することとなり、移転PTのリーダーとなった。移転先との調整、営繕課との折衝、保護者説明会の実施と動き、計画どおり期間内で全て実施できた。
組織を管理する上で心がけるべき点	仕事は、組織として行っており、組織内の職員が個々の能力を最大限発揮できれば、相乗効果により、より大きな成果が期待できる。そのために、リーダーが個々の職員の執務状況に注意を払い、仕事を進めていく上で悩んでいることに相談に乗るなど自ら進んでコミュニケーションをとるよう心がける。
あなたが管理職になったら取り組んでみたいこと	東日本大震災後、事業継続計画（BCP）の必要性への認識が高まり、官民共にBCPに取り組むべきと考えている。特に自治体は、被災直後から、住民の避難、安否確認、防災用品の配布など様々な業務に追われる。その後の主要業務の再開と事前に対応策を決めておかなければならない。配属された職場に即したBCPに取り組みたい。

平成　　年度　　管理職面接シート

選考区分	事　務	職　種	事　務	受験番号	
氏　名				年　齢	
所　属					
自分の性格	長　所		短　所		
自己啓発の方法	
職歴の中で、新規事業への取り組みや改革・改善へ取り組んだ内容	
組織を管理する上で心がけるべき点	
あなたが管理職になったら取り組んでみたいこと	

頻出ランク付・昇任試験シリーズ10

面接試験101問〈第2次改訂版〉

平成16年7月26日　初版発行
平成20年6月25日　第1次改訂版発行
平成24年9月25日　第2次改訂版発行
平成29年3月31日　4刷発行

編著者　地方公務員昇任試験問題研究会

発行者　佐久間重嘉

学陽書房　東京都千代田区飯田橋1-9-3
（編集）☎ 03 (3261) 1112
（営業）☎ 03 (3261) 1111
振替　00170-4-84240
http://www.gakuyo.co.jp/

Printed in Japan　印刷/東光整版印刷　製本/東京美術紙工
ISBN 978-4-313-20802-5　C 2330
＊乱丁・落丁本は、送料小社負担にてお取り替えいたします。

【要点シリーズ】 重要項目101を厳選し、分かりやすい解説を見開き頁に収めた使いやすいと評判の画期的参考書
四六判216頁程度　各定価：本体1762～1900円＋税

1　憲法の要点 （第2次改訂版）　　　　　衣川　光正 編著

3　地方自治法の要点 （第10次改訂版）　　檜垣　正已 著

4　地方公務員法の要点 （第8次改訂版）　　米川謹一郎 編著

5　民法の要点 （第3次改訂版）　　　　　　金岡　昭 著

7　論文作成の要点 （第3次改訂版）　　　　松丸　俊之 編著

ベーシック事例
係長の役割　四六判　定価：本体1845円＋税　　松田　二郎／三枝　修一 編著

こうすればうまくいく！
自治体係長の現場対応　Ａ5判　定価：本体2000円＋税　　自治体係長研究会 著

□学陽書房□